Die Jungfrau von Orleans

Friedrich Henning

Writat

Diese Ausgabe erschien im Jahr 2023

ISBN: 9789358811469

Herausgegeben von
Writat
E-Mail: info@writat.com

Inhalt

Vorwort

Die in diesem Band erzählte Lebensgeschichte von Jeanne d'Arc folgt eng den historischen Fakten sowie den offiziellen Aufzeichnungen, die sich auf ihren Prozess und ihre Verbrennung wegen „Ketzerei, Rückfall, Abfall vom Glauben und Götzendienst" beziehen. Es teilt sich natürlich in zwei Teile. Erstens das einfache Hirtenleben der Hirtin von Domremy , das charmant dargestellt ist; die Visionen ihrer Lieblingsheiligen; die himmlischen Stimmen, die ihr den Auftrag gaben, die englische Belagerung von Orleans aufzuheben und den Dauphin zu krönen; ihr rührender Abschied von ihrem Zuhause; und zweitens die Rolle, die sie als Jungfrau von Orleans in den bewegenden Ereignissen auf dem Feld spielte; die Siege, die sie über die Engländer und ihre burgundischen Verbündeten errang; die Aufhebung der Belagerung; die Krönung des undankbaren Dauphin in Reims; ihr fataler Fehler, in seinen Diensten zu bleiben, nachdem ihre Mission erfüllt war; ihre Gefangennahme in Compiègne ; ihr berüchtigter Verkauf durch Burgund an die Engländer; ihr berüchtigterer Prozess gegen den korrupten und abscheulichen Cauchon ; und ihr grausames Martyrium auf dem Scheiterhaufen. Eine weitere Geschichte, die Entführung von Marie von Chafleur , ihre Rettung durch Jean Renault und ihr endgültiges Glück, ist eng mit der Bewegung der Hauptgeschichte verwoben und dient der Auflockerung der Schlusskapitel. Diese Episode ist reine Romantik aufregender Natur; Aber das Leben der Jungfrau von Orleans ist ein bemerkenswert getreues historisches Bild, das umso lebendiger ist, als die Charaktere real sind. In dieser Hinsicht ähnelt es nahezu allen Bänden in den zahlreichen deutschen „Jugendbibliotheken". Es sind Geschichten aus dem wirklichen Leben, prägnant, charmant und ehrlich erzählt und so nah an den Tatsachen, dass der Leser so etwas wie eine innige persönliche Bekanntschaft mit den Charakteren entwickelt, die sie vorstellen.

GPU

CHICAGO, 1904.

Kapitel I
Der Feenbaum

Wenn der Reisende , der von Neufchâteau das Tal hinuntersteigt , sich dem Dorf Domremy nähert , [1] wird er zu seiner Rechten auf einer Anhöhe der nächstgelegenen Hügelkette einen stattlichen Kastanienbaum sehen, dessen untere Zweige teilweise mit Blumenkränzen behangen sind frisch, einige verblassend. Wenn ihm ein wenig Müdigkeit nichts ausmacht und er bis zu dieser Stelle klettert, wird er für seine Anstrengungen reichlich belohnt. Der Baum allein ist ein ausreichender Ausgleich für seine Bemühungen, denn wer betrachtet nicht mit Bewunderung ein solches Werk der Natur? Wer lauscht nicht voller Verzückung dem sanften Rascheln seiner Blätter und findet Ruhe in seinem kühlen Schatten? Aber dieser Baum übt eine noch größere Anziehungskraft auf diejenigen aus, die an seine Geschichte glauben. Oft sehen sie in der Dämmerung fröhliche Kobolde mit freudigen Gesichtern um ihn tanzen, und das sanfte Rascheln seiner Blätter bezeichnen sie als himmlisches Flüstern, denn es sei ihnen gegeben, himmlische Sprache zu verstehen.

Dieser Baum ist der „Feenbaum". [2]

Reisenden noch mehr lohnen . Vor ihm breitet sich ein wunderschönes Tal aus, das auf beiden Seiten von den waldbedeckten Höhen der Argonne und der Ardennen begrenzt wird, zwischen denen sich die Maas [3] ihren silbernen Weg schlängelt. Zahlreiche Dörfer säumen diese Höhen und sind hier und da entlang des unteren Weidelandes verstreut. Im Norden und Süden strahlen die Türme von Neufchâteau und Vaucouleurs . [4] Das nächstgelegene und gleichzeitig angenehmste dieser Dörfer ist Domremy , dessen von Grün umgebene Hütten sich um die kleine Kirche der Heiligen Margarete gruppieren. Viele Rinder- und Schafherden weiden auf den Weiden zwischen den Feldern, auf denen reichlich Feldfrüchte wachsen. Beim Rückblick fällt der Blick auf die düsteren Gipfel des Bois de Chêne [5] und an der Kreuzung, die dorthin führt, steht die Kapelle der Heiligen Katharina.

Zwischen der Kapelle und dem Feenbaum, und etwas näher an letzterem, funkelt eine sprudelnde Quelle, an deren heilende Kräfte in alten Zeiten fromme Gläubige glaubten.

Somit erscheint die Szene unter einem angenehmen Himmel. Aber wenn sich die Temperatur plötzlich ändert und die kalte Luft ins Tal strömt, werden ihre Nebel vertrieben und über die Gebirgsschluchten verteilt. Abergläubische Dorfbewohner glauben, in solchen Zeiten die Feen um den

Baum tanzen zu sehen und sogar die Heiligen des Himmels in den schwankenden Formen des Nebels.

Unter den geheimnisvollen Orten, die dem Viertel Domremy so viel Ruhm und Heiligkeit verliehen haben, ist Bois de Chêne nicht der unberühmtste. Man kann seine dunklen Tiefen nicht betreten, ohne das eigentümliche Gefühl der Ehrfurcht zu empfinden, das einen einsamen Wanderer angesichts der Pracht der Natur erweckt – ein Gefühl, das den Geist eines abergläubischen Menschen unweigerlich mit einer verwirrenden Reihe übernatürlicher Fantasien erfüllt. Aus genau diesem Wald sagte Merlin, der Zauberer, voraus, dass der Befreier Frankreichs kommen würde.

Denken Sie an ein Kind von empfänglicher und phantasievoller Natur, das sich von Kindermärchen voller Aberglauben ernährt, ein Kind, das leidenschaftlich einsame Träumereien und inbrünstige Appelle an die Heiligen liebt und in einer solchen Umgebung aufwächst! Ist es bemerkenswert, dass ein solches Kind Wunder auf der Erde und in der Luft und die Heiligen selbst in leibhaftiger Gestalt sehen und ihre Stimmen hören und andächtig der Engelsmusik in den himmlischen Regionen lauschen sollte?

So ein Kind wie dieses saß an einem wunderschönen Frühlingsmorgen im Jahr 1424 unter dem Feenbaum. [6] Sie war ein zwölfjähriges Mädchen und hütete eine kleine Schafherde, die am Hügel weidete. Sogar dem zufälligen Beobachter wäre ihr auffälliges Aussehen aufgefallen, denn während die anderen Mädchen auf der Wiese unter ihr herumtollten, saß sie an den Baum gelehnt, blickte starr ins Leere und dachte offenbar an andere Dinge als Tanz, Sport und Herden . Als man ihr schönes ovales Gesicht genauer betrachtete und seine transparenten Farbtöne und zarten Gesichtszüge betrachtete, drängte sich sofort die Frage auf: Wie konnte so ein leichtes, ätherisches Geschöpf unter den Kindern der Bauern entstehen? Diese wunderbaren Augen offenbarten nicht nur die Selbstlosigkeit des Visionärs und die Verzückung der übernatürlichen Betrachtung. Sie waren klare Spiegel des Herzens, die seine innersten Tiefen und Tiefen widerspiegelten. Dieses Herz war das Herz eines Engels, das Herz eines Kindes, das so unschuldig war, dass es unmöglich war, es nicht zu lieben und kein Mitgefühl mit ihr zu haben.

Während sie dort saß, flog ein Schwarm kleiner Vögel zum Baum und erfüllte die Luft mit der Musik ihrer Lieder. Anscheinend bemerkte sie sie nicht, denn sie bewegte sich weder, noch veränderte sie ihren Gesichtsausdruck. Sie flatterten vom Baum herab und hüpften um die Träumerin herum, näherten sich ihr immer mehr, bis schließlich einige von ihnen auf ihrem Kopf und ihrer Schulter landeten. Jetzt war sie sich zum ersten Mal ihrer kleinen Gäste bewusst.

"Ah!" rief sie mit sanfter, melodischer Stimme. „Du bist hier und ich wusste
es nicht." Sie öffnete schnell einen kleinen Korb, der in ihrer Nähe stand,
streute ein paar Krümel auf den Boden und beobachtete mit kindlicher
Freude die Lebhaftigkeit ihrer kleinen Gefährten. Ihr Vergnügen wurde
jedoch bald von einem frechen und neidischen Kerl in der kleinen Menge
getrübt, der seinen Nachbarn pickte. Das Opfer zwitscherte traurig und flog
der Jungfrau zu Füßen.

"Ach! Ach! armer kleiner Vogel!" rief sie, während ihr Tränen in die Augen
traten. Sie nahm den kleinen Kerl auf ihren Schoß und streichelte ihn. „Warte
mal, du neidischer ‚Wolf'", sagte sie und wandte sich an den Täter. „Habe ich
nicht genug Krümel für euch alle verteilt? Und wussten Sie nicht, dass ich
den Betrag verdoppelt hätte, wenn das nicht ausgereicht hätte? Sie verdienen
es, für Ihre Gier bestraft zu werden. Jetzt werden Sie sehen, wie gut es diesem
armen kleinen Kerl an seinem eigenen Tisch ergehen wird." Daraufhin füllte
sie ihren Schoß aus dem Korb, und der Kleine aß genüsslich, während der
„Wolf" nicht an den Tisch kommen durfte, so sehr er es wünschte. Plötzlich
erhob sich der Schwarm und flog in offensichtlicher Angst in die Zweige des
Baumes. Ihre Schafe, die unter ihr gegrast hatten, stürmten so schnell sie
konnten den Hügel hinauf und drängten sich eng aneinander.

"Was ist los?" rief das Mädchen, als sie einen hastigen Blick auf die fliegende
Herde warf. „Was hat dich so erschrocken von der Wiese vertrieben? Heilige
Katharina! Der grausame Wolf muss am Waldrand lauern."

Sie sprang schnell auf, ergriff ihren Stab und flog zum Bois de Chêne , wo
tatsächlich ein Wolf auf der Lauer lag. Wer sie damals gesehen hätte, hätte in
dieser entschlossenen Heldin kaum das sanfte Mädchen, die Träumerin von
vorhin, erkannt, deren Augen vor Mut blitzten. Wunderbar zu erzählen, das
Biest floh vor ihr. Für einen Moment duckte es sich, bereit, sich auf sie zu
stürzen, und schlich dann in den Wald davon. Daraufhin ging die kleine
Heldin in die benachbarte Kapelle, kniete vor dem Bild der Heiligen
Katharina nieder und schüttete in langen und innigen Gebeten die
Dankbarkeit ihres Herzens aus. Es war ihr kindlicher Glaube, dass ihr
Schutzpatron ein Wunder vollbracht hatte. Sie wusste nicht, dass die Tiere
des Waldes durch den festen und mutigen Blick eines furchtlosen Menschen
eingeschüchtert werden können und dass selbst der Löwe selbst einen
solchen Menschen nicht angreifen würde, es sei denn, er befindet sich in
rasender Wut.

Als die Kleine die Kapelle verließ, leuchtete die spirituelle Erleuchtung, die
ihr Gesicht erstrahlte, als sie träumend unter dem Feenbaum saß, erneut in
ihren wunderschönen Augen. Ihr Weg führte sie zur wundersamen Quelle.
[7] Das frische Grün der Büsche und des Rasens lockte sie. Sie warf sich hin
und ließ sich bald durch das sanfte Plätschern des Wassers in süße Träume

einlullen. Lange Zeit übersah sie, dass sie Gefährten hatte, die zum Trinken dorthin gekommen waren – ein Reh und Rehe, die sich furchtlos näherten und ungestört das klare Wasser tranken. Nachdem sie ihren Durst gestillt hatten, standen die Kitze da und beobachteten den Träumer mit ihren intelligenten kleinen Augen, als warteten sie auf die freundliche Anerkennung eines alten Bekannten. Als sie es nicht annahmen, spielten sie ausgelassen um sie herum. Plötzlich wurde die bezaubernde Szene unterbrochen. Die Tiere warfen ihre Köpfe hoch, lauschten aufmerksam und galoppierten dann wie auf einen Befehl hin in den Wald. Eine Schar einfacher, fröhlicher, sonnengebräunter Schäferinnen kam von der Wiese auf sie zugerannt.

„Joan, Joan", rief einer, „wo bist du?"

Die Jungfrau erhob sich.

"Aha!" sagte diejenige, die gerade sprach, „sie hat wieder dem Rauschen des Frühlings gelauscht. Sieh nur, wie wunderbar ihre Augen glänzen!"

Daraufhin kamen alle auf sie zu und blickten mit einer Art Ehrfurcht auf das seltsame Mädchen.

„Na, was wünschst du dir?" sagte Joan sanft.

„Wir haben eine Wette abgeschlossen", antwortete der ehemalige Sprecher. „Sieh dir diesen wunderschönen Kranz an, Joan. Nachdem wir es gewebt hatten, entschieden wir, dass es in einem Rennen zum Feenbaum an den Gewinner gehen sollte. Agnes prahlte damit, dass es ihr gehören würde. Margot war sich ebenso sicher, dass sie gewinnen würde. 'Ah!' sagte ich; „Wenn Joan nur hier wäre, würdest du nicht so reden!" 'Und warum nicht?' sagte Agnes. „Weil", sagte ich, „die heilige Katharina ihr immer hilft." „Oh", warf Margot ein, „ich werde Joan finden und sie wird auch Rennen fahren." Dann sagte ich: „Wir werden alle nach Joan suchen." „Ja", riefen alle, „lasst uns Joan finden!" Und hier sind wir. Hier ist der Kranz und da ist der Feenbaum. Wirst du rennen?"

Joan antwortete nicht. Sie stand voller Hingabe da und betete: „Heilige Katharina, gib mir den Sieg, nicht um meinetwillen, sondern um deiner Ehre willen."

„Joan, hörst du uns nicht?"

"Ja, ich bin bereit."

Vergnügt bildeten die Mädchen eine Reihe. „Eins, zwei, drei", zählte eine klare Stimme und alle rannten den Hang hinauf. Innerhalb weniger Sekunden verlief die Linie im Zickzack, mit Agnes, Margot und Joan an der Spitze. Die meisten anderen gaben das Rennen auf und folgten langsam, während sie die drei gespannt beobachteten. Bald merkten sie jedoch, dass einer an der Spitze lag, denn die anderen beiden waren merklich zurückgefallen.

„Habe ich dir nicht gesagt, dass Joan gewinnen würde?" sagte derjenige, der zuerst gesprochen hatte.

„Aber es steckt etwas Hexerei dahinter", sagte ihre Nachbarin. „Schau sie dir an, schau! Heilige Margarete! Ihre Füße berühren den Boden nicht."

„Das ist so", sagten alle und bekreuzigten sich. „Sie fliegt durch die Luft."

Es schien wirklich, als würde Joan fliegen. Der Nebel, die schnell aufkommende Dämmerung und die Entfernung erzeugten eine solche Augentäuschung, dass jeder abergläubische Zuschauer geschworen hätte, sie würde fliegen. Alle eilten zum Baum, unter dessen Zweigen der Sieger nicht stand, sondern andächtig kniete. Die fröhliche Menge umringte sie, und kein Gefühl von Neid trübte ihre Freude, als sie den Kranz auf ihrem schönen Haupt niederlegte. Da die Nacht nun schnell hereinbrach, machten sich die Mädchen mit den Herden auf den Heimweg. Sie stammten alle aus dem Dorf Domremy .

Joan fand Jacques, ihren Vater, Pierre, ihren Bruder und Duram Laxart , ihr Onkel, unterhielt sich auf dem Platz vor der Kirche ernsthaft mit einem Fremden. Ein paar Worte, die sie zufällig hörte, weckten ihre Neugier, und sie ging auf die Gruppe zu und lauschte.

„Ich fordere Sie auf, Buße zu tun", sagte der Fremde, „damit nicht der Zorn des Himmels über Sie hereinbricht, denn alles Unglück dieses Landes ist eine göttliche Strafe für die Sünden des Hofes und der Verwandtschaft des Königs."

„Oh, oh, heiliger Vater", sagte einer, „das wäre sehr traurig."

„Was meinst du damit, mein Sohn?"

„Ich meine, es wäre sehr traurig, wenn der Himmel arme Menschen, die nichts Unrechtes getan haben, für die Verfehlungen des Gerichts bestrafen würde."

„Geh heim, du Sohn Belials, der du an dem zweifelst , was dir der Geist durch meine Lippen offenbart. Schließe dich in deine Kammer ein und wiederhole dreimal sieben Paternoster, damit deine Seele von den Fesseln des Zweifels befreit werde, denn Zweifel ist das Werk des Teufels, der bereits seine Klauen ausstreckt, um dich zu ergreifen."

„Aber, heiliger Vater –"

„Sei still, Gamoche ", warf ein anderer Dorfbewohner ein. „Unterbrechen Sie den heiligen Vater nicht. Er wird uns alles erklären."

„Ja, ja“, riefen die anderen, „er wird alles erklären.“

„Na dann hört mir zu, Kinder“, fuhr der Fremde fort. „Aber, heilige Mutter Gottes, wo soll ich anfangen? Die Liste der Sünden dieses Gerichts ist so lang, dass es selbst dann nicht der Anfang wäre, wenn ich ein Jahrhundert zurückgehen würde. Ich werde mich auf die jüngsten beschränken, die Ihnen allen mehr oder weniger bekannt sein dürften. Haben Sie vom letzten König gehört, Karl Sechster?“ [8]

„Warum hätten wir es nicht hören sollen? Er ist erst vor zwei Jahren wahnsinnig gestorben.“

„Ja, verrückt. Nach 1392 hatte er einige klare Momente, in denen er einigermaßen die Verschwendung der Verwaltung erkannte. Die gesamte königliche Familie benahm sich, bis auf wenige Ausnahmen, wie verrückt. Da war zunächst einmal die Königin, die berüchtigte Isabella von Bayern, der der Adel der menschlichen Natur ebenso fremd war wie das Göttliche. Jede ihrer Absichten und Handlungen hatte kein höheres Motiv als die Befriedigung ihrer eigenen Wünsche und die Entdeckung, wie sie diese verwirklichen konnte. Es hätte ihr nichts ausgemacht, wenn ein Meer von Blut vergossen worden wäre, wenn nur ihre Interessen gefördert worden wären. Da war der Herzog Ludwig von Orleans, [9] der Bruder des wahnsinnigen Königs, der Isabellas Verschwendung und Machtgier nachgab, schließlich die Zügel der Souveränität ergriff und den Staat in größte Verwirrung stürzte. Es gab die Onkel des Königs, die Herzöge von Bourbon, Berry, Burgund und Anjou, alle gleichermaßen geizig und machthungrig, die den Herzog von Orleans und den König mit der Geißel des Krieges schlugen, ihre Untertanen ermordeten und das Land verwüsteten. Dann kamen zahlreiche Fraktionen, die miteinander kämpften, eine für dieses und eine für jenes, und schließlich fast unzählige große und kleine Herren, Raubritter, die vorgaben, die Sache einer Partei zu unterstützen, die Bezirke anderer bedrängten und eine zurückließen Spur von Plünderung und Blut. Um die Last des Elends zu vervollständigen, schickte König Heinrich der Fünfte seine Engländer, diese Erbfeinde Frankreichs, über den Kanal. Im Bündnis mit den unruhigen Herzögen, insbesondere denen von Burgund und der Bretagne, rückten sie siegreich vor, eroberten einen Ort nach dem anderen und schließlich sogar Rouen und Paris, so dass dem unglücklichen König nur wenige Provinzen übrig blieben. Als dieser König im Jahr 1422 starb, kam es zu schrecklicher Verwirrung. Heinrich der Fünfte starb zwar im selben Jahr, aber sein Feldmarschall, der Herzog von Bedford, Vormund des jungen Heinrichs des Sechsten, [10] verließ das Feld nicht. Der berüchtigte Vertrag von Troyes gab ihm den Anschein von Recht.“

„Wieso, heiliger Vater?“ warf einer der Dorfbewohner dazwischen.

„Sei still", antwortete ein anderer. „Sie hätten wissen müssen, dass Königin Isabella aus Hass und Rache gegen ihren jüngsten Sohn Charles, der nach dem Tod seines Bruders, des Dauphin, Kronprinz war, diesen Vertrag mit England schloss, durch den die französische Königsfamilie aus dem Land ausgeschlossen wurde Thronfolge und der König von England wurde zum Nachfolger Karls des Sechsten erklärt."

„Oh, diese Schande! Oh, die Schande!" riefen mehrere.

„Und dieser arme Dauphin", fuhr der frühere Redner fort, „verbrachte eine freudlose Jugend, in der seine unnatürliche Mutter ihn und seinen Vater oft zwang, Hungersnöte zu erleiden; und doch ist er, so arm, schwach und thronlos er auch ist, immer noch bereit, um den Thron zu kämpfen, der sein Geburtsrecht als Karl der Siebte ist. Ist das nicht so, heiliger Vater?"

„Gewiß, gewiß, Gottes Mitleid", antwortete der Fremde. „Er sollte nach eigenem und göttlichem Recht regieren. Der Vertrag von Troyes kann dies nicht verhindern. Aber wo ist der Held, der ihn zur Krönung in Reims führen wird? Leider kann ihn nur ein wundersames Eingreifen vor dem Untergang bewahren."

„Heilige Katharina", seufzte eine sanfte Stimme.

„Johanna!" rief Jacques, als er seine Tochter erkannte, „was machst du hier?" Nach Hause gehen."

„Noch nicht, Pater Jacques", sagte der Fremde. „Lass sie bleiben. Wussten Sie nicht, dass die Gebete aus reinem Kinderherz von den lieben Heiligen erhört werden? Und", fügte er hinzu, „ich habe noch nie Augen voller Unschuld und Frömmigkeit gesehen wie ihre."

"Ah!" antwortete Jacques, „was nützen die Gebete eines Kindes, wenn das ganze Land hilflos daliegt?"

„Bist du auch ein Ungläubiger?" antwortete der Fremde. „Wissen Sie nicht, dass sich der große Gott in einem kleinen Kind manifestieren kann?"

Dies waren die letzten Worte des Gesprächs, das Joan hörte. Sie verschwand plötzlich, aber sie ging nicht nach Hause. Sie machte sich auf den Weg zur Kirche, die immer geöffnet war. Noch nie war ihr Herz so beunruhigt und voller seltsamer Sehnsüchte gewesen, noch nie war sie so stark bewegt gewesen, mit ihrem Heiligen Gemeinschaft zu halten. Es war nicht so sehr der Wunsch, ihren Kranz als Votivopfer darzubringen, sondern vielmehr der unaussprechliche Kummer des Vaterlandes und die elende Lage des armen Dauphin, der sie an diesen heiligen Ort drängte. Und war das seltsam? Wenn ihr mitfühlendes Wesen sie dazu brachte, über das leichte Leid eines Vogels Tränen zu vergießen, wie viel mehr würde es sie dazu zwingen, über die Geschichte des allgemeinen Unglücks zu weinen, die sie gerade gehört hatte!

Warum sollte der Mut, mit dem sie ihre Schafe vor dem Wolf verteidigt hatte, jetzt nicht noch deutlicher zur Geltung kommen? Und warum sollte sie nicht aus tiefstem Herzen daran glauben, dass ihr Lieblingsheiliger ein Rettungswunder vollbringen würde?

„Oh, wäre ich nur ein Mann!" Sie seufzte aus tiefstem Herzen. „ Oh , dass ich meine Glieder in Rüstungen kleiden und das Schwert für die Rechte schwingen könnte!" Ich würde mir nichts Besseres im Leben wünschen. Kein Opfer wäre zu groß, um dies zu erreichen. Dann würden sich die geliebten Heiligen sicherlich nicht weigern, mir zu helfen."

In diesem Geist betrat sie das heilige Haus. Es war leer. Die Schatten des Abends vermischten sich mit den Weihrauchwolken, die noch in der Kirche schwebten, und wurden durch das schwache Licht einer kleinen Lampe verstärkt. Sie war von heiliger Ehrfurcht erfüllt, als sie durch die geheimnisvolle Dunkelheit voranschritt. In ihrer gehobenen Stimmung schien es ihr, als würde die heilige Katharina lächeln, als sie mit zitternder Hand den Kranz auf ihren Altar legte. Voller Trauer und Dankbarkeit, göttlichen Vertrauens und überwältigendem Tatendrang kniete sie am Altar nieder und ihre Seele stieg zu den himmlischen Wohnstätten auf. Sie kannte keine Gebete außer dem Vaterunser, dem Credo und dem Ave Maria, aber je öfter sie sie wiederholte, desto vollkommener war sie geistig versunken.

So verfiel sie nach und nach in jene Art von Ekstase, in der die gewöhnlichen spirituellen Funktionen aufgehoben sind und nur das heilige Gefühl der himmlischen Betrachtung und das freie Spiel der Fantasie übrig bleibt. Es handelt sich um einen Zustand, der sich vom tatsächlichen Träumen nur durch seine Gefahr unterscheidet, denn es besteht die Gefahr, dass dieses ekstatische Gefühl, sobald es geweckt wurde, real wird und sein Besitzer illusorische Bilder der Fantasie erblickt. Der Enthusiast könnte glauben, er sehe echte Objekte und höre echte Stimmen. Er mag glauben, dass es sich dabei um Botschaften des Himmels handelte, ohne sich die Frage zu stellen, ob solche Fantasien der Vernunft standhalten würden. Aufgrund solcher Ekstasen wurden Taten begangen, die die Seite der Geschichte mit ewiger Schande verdunkelten. Wenn diese Ekstasen jedoch aus erhabenen moralischen Ideen entstehen , können sie Ergebnisse erzielen, die weit über die bloße menschliche Kraft hinausgehen und dem Enthusiasten unvergänglichen Ruhm sichern.

So war es mit diesem einfachen Kind, das am Altar betete. In ihrer ekstatischen Fantasie sah sie, wie sich das Dach der Kirche öffnete und ihre Lieblingsheiligen Katharina und Margarete durch die Weihrauchwolken herabschwebten. Sie hörte sie sagen: „Bewahre dein Herz unbefleckt, Joan, denn der Himmel hat dich zum Vorkämpfer Frankreichs erwählt."

Die Vision verschwand. Der Traum war vorbei. Doch in diesem Moment stand die Karriere dieses Kindes fest. Sie war die spätere Maid of Orleans.

Kapitel II
Der Dauphin und La Hire

Durch den Sturm eines Apriltages im Jahr 1428, vier Jahre nach den im vorhergehenden Kapitel beschriebenen Ereignissen, wurde ein Mann zu Hause im Schloss von Chinon festgehalten . [11] Seine Tracht verriet, dass er von höchstem Rang war, und auch die Wohnung war im Stil fürstlichen Luxus eingerichtet. Da sich jedoch herausstellte, dass es sich bei dieser luxuriösen Umgebung um Überbleibsel aus einer älteren Zeit handelte, hatte der jetzige Besitzer des Schlosses offensichtlich keine Lust, sie zu verbessern, oder konnte es sich nicht leisten, dies zu tun. Tatsächlich begünstigte die Abnutzung seiner eigenen Kleidung die letztgenannte Schlussfolgerung. Der mürrische Ausdruck seines Gesichtes, das wenig Anziehendes an sich hatte, verstärkte diesen Eindruck. Nichts daran deutete auf einen höheren Ehrgeiz hin als die Befriedigung seiner körperlichen Wünsche. Sein Aussehen erweckte den Eindruck, er sei mindestens fünfunddreißig Jahre alt, in Wirklichkeit war er jedoch erst sechsundzwanzig. Dieser Mann war der Dauphin von Frankreich, später König Karl der Siebte.

Vor ihm stand eine junge und schöne Frau, deren Gesicht einen auffälligen Kontrast zu seinem bildete. Eine würdevolle königliche Erscheinung, vor Mut und Entschlossenheit blitzende Augen, weibliche Sanftmut und Freundlichkeit – das waren die Merkmale, die in ihrem schönen Gesicht zum Ausdruck kamen. Einige seiner Linien deuteten auf Herzbeschwerden hin, aber ihre gegenwärtigen Probleme waren anderer Art.

Diese Dame war Marie von Anjou, die stolze Gemahlin des Dauphin. Sie standen beide, denn in der Aufregung ihres Gesprächs waren sie offenbar von ihren Sitzen aufgestanden.

„Oh, dieses Elend!" sie stöhnte. „Wunderschönes, trostloses Frankreich ! Die üppigen Felder der Loire wurden verwüstet! Die armen Menschen, die in den Wäldern getötet oder auf der Flucht sind! Stadtbewohner in Knechtschaft oder in ständiger Angst vor einem siegreichen Feind! Und du! Was machst du?"

"Wie ich? Wer beklagt das alles mehr als ich? Wer muss mehr darunter leiden als ich? Werde ich dadurch nicht jeden Tag ärmer? Ich fürchte, ich werde heute nicht einmal ein gewöhnliches Abendessen bekommen."

Er läutete hastig eine silberne Glocke und ein Diener trat ein. „Jacques, geh zum Koch und frag ihn, was er zum Abendessen hat."

Verachtung und tiefe Trauer spiegelten sich auf Maries Gesicht wider, aber sie bezwang schnell ihre Wut. „Gewiss, mein Mann, du musst leiden", sagte sie, „aber was für ein König wäre er, der die Leiden seines Volkes nicht tausendfach spüren würde?"

„ Pah ! Ich spüre, dass meine Armut über allem anderen steht."

„Aber welche Notwendigkeit gibt es für deine Armut? Wissen Sie nicht, dass Ihre Armut an dem Tag verschwinden wird, an dem Sie den Feind besiegen?"

„Ich habe den Feind besiegt! Gott hilf mir! Ich brauche die paar Söldner, die ich habe, um sie für die Küche zu besorgen. Stellt neue Truppen auf! Wie kann ich es tun? Das wenige Gold, das sich in meiner Schatzkammer befindet, ist bereits verpfändet. Ich überwinde den Feind! Hahaha! Sie beherrschen bereits fast ganz Frankreich. La Hire [12] hat mir heute erzählt, dass Graf Salisbury vor Orleans steht und die Stadt belagert. Wenn Orleans fällt, muss ich von hier aus fliegen. Dann was? Am Ende werde ich ein Bettler sein."

„Das wirst du nicht, wenn du den Mut aufnimmst und bedenkst, dass göttliche Hilfe am nächsten ist, wenn die Not am größten ist, und dass es ruhmreicher und eines Königs würdiger ist, im Kampf besiegt zu werden, als durch unrühmliche Trägheit ruiniert zu werden."

„ Pah ! Ich werde weder das eine noch das andere tun. Ich werde leben und Spaß haben. Das wird mich für das entschädigen, was mir in den hungrigen Tagen meiner Jugend gefehlt hat. Ich werde mich mit den Engländern arrangieren. Sie könnten alles andere haben, wenn sie mir nur das Languedoc überlassen würden. [13] Ich kann dort so leben, wie es meinem Einkommen entspricht."

"Scham! Scham! Was höre ich da?" rief Marie. „Sind Sie ein Valois? Fließt königliches Blut in Ihren Adern? Erröten Sie nicht, solche Worte auszusprechen? Oh, mein Mann, tun Sie, was Sie sonst noch wünschen, aber bewahren Sie Frankreich und mich vor dieser Schande."

„Nun gut, in Orleans ist noch nicht alles vorbei."

„Aber selbst wenn es scheitert und alles verloren scheint, selbst dann treffen Sie keine so beschämende Vereinbarung."

Mit diesen Worten zog sich die edle Dame zurück. Die moralische Empörung ihres Verhaltens und ihrer Worte schien auf den Dauphin einen gewissen Eindruck zu machen. Er vergrub sein Gesicht in seinen Händen und war in Gedanken versunken – soweit er denken konnte.

Während er damit beschäftigt war, öffnete sich hinter ihm eine Arras-Tür und enthüllte den bezaubernden kleinen Lockenkopf eines Mädchens von achtzehn oder neunzehn Jahren. Niemand hätte sehen können, wie sich diese exquisite Figur mit so leichter und vollendeter Anmut bewegte, ohne zuzugeben, dass er noch nie zuvor eine so exquisite Schönheit und faszinierende Art gesehen hatte. Ihr Charme zeigte sich nicht nur in ihrer schönen Figur, sondern auch in dem anmutigen Ausdruck, der ihre Persönlichkeit kennzeichnete und von ihrem Gesicht ausstrahlte.

Dieses Mädchen war die berühmte Agnes Sorel, [14] die Günstling Karls des Siebten, die, wie die Geschichte berichtet, durch ihre weibliche Zärtlichkeit auffiel und ihren Einfluss auf den König immer für edle Zwecke und nie für persönliche Zwecke nutzte.

Der Dauphin bemerkte ihre Anwesenheit erst, als er die leichte Berührung ihrer Hand auf seiner Schulter spürte. Ihr Anblick hatte eine magische Wirkung. Sein Gesicht hellte sich auf und alle Spuren von Niedergeschlagenheit verschwanden.

„Bist du es, Agnes? Jetzt ist alles in Ordnung."

„Was ist los?" sie fragte sehr zärtlich.

„Marie war hier. Sie hat mir Kopfschmerzen bereitet und mir fast den Appetit verdorben. Aber-"

„Ich weiß alles darüber", unterbrach Agnes.

"Wie? Du weißt alles darüber? Wer hätte es dir sagen können?"

„Niemand hat es mir gesagt."

„Oh, du hast gelauscht. Ah, ha!"

"Ich musste. Ich konnte nicht zurück, und natürlich durfte ich auch nicht eintreten."

"Hm! Egal. Es ist alles in Ordnung, trotzdem."

„Oh nein, Eure Majestät."

"Wie? Wie meinst du das?"

„Ich teile die Sorgen und Sorgen Ihrer stolzen Gemahlin."

"Unsinn! Du solltest dir keine Sorgen machen."

„Bei allen Heiligen, Eure Majestät, ich werde untröstlich und unglücklich sein, wenn Sie Ihre Entscheidung nicht aufgeben. Ich sollte mich schämen, einem Fürsten zu dienen, der so leicht auf seine Rechte und Würden verzichten kann."

„Nun gut, ich werde über die Sache nachdenken. Wird dich das befriedigen?"

„Oh nein, Sire. Sie müssen mir versprechen, dass Sie nicht noch einmal über diesen hasserfüllten Plan nachdenken werden. Willst du nicht um meinetwillen?" Daraufhin drehte sie triumphierend und anmutig Pirouetten durch die Wohnung.

„Agnes, ich nehme mein Wort zurück", rief der Dauphin.

Das machte sie umso glücklicher, und sie setzte ihren Tanz fort und sang dabei folgende Begleitung:

„ Eio , eio , eio , nein,

Er kann kein König sein

Wer hält nicht sein Wort!

Eio , eio , eio , O,

Dieser hier – er ist nicht so,

Nein, nein, nein, oh, nein."

Mit dem letzten Wort verschwand sie plötzlich, denn im Vorzimmer war das schwere Stampfen von Männerfüßen zu hören. Die Unterbrechung missfiel dem Dauphin, und er wollte gerade das Zimmer verlassen, doch bevor er dies tun konnte, standen die Neuankömmlinge an der Tür. Es steigerte nur seinen Unmut darüber, dass er gezwungen war zu bleiben. Die beiden Männer, die er mit finsterem Gesichtsausdruck betrachtete, waren rau und robust, Männer der Klasse, die im Kampf standhaft standen und dem Tod furchtlos in die Augen blickten, Ritter im wahrsten Sinne des Wortes.

„So schnell zurück, mein tapferer La Hire?" sagte Charles zu einem von ihnen.

„Bei Unserer Lieben Frau, Eure Majestät, nie gab es einen größeren Bedarf an schnellem und entschlossenem Handeln als jetzt", war seine Antwort. „Ich habe gerade gehört, dass Graf Salisbury die Stadt Orleans vollständig besetzt hat. Nicht einmal eine Katze kann da herauskommen, und in ein paar Wochen wird es in den Fängen einer Hungersnot geraten. Wenn wir ihnen nicht helfen, können Sie leicht erkennen –"

"Hilf ihnen!" unterbrach der Dauphin verzweifelt. „Mein guter Ritter, wie viel Geld glaubst du, ist in meiner Schatzkammer? Ha! Ha!"

„Das Volk wird dafür sorgen, dass die Schatzkammer seines rechtmäßigen Königs gefüllt wird, wenn es im Gegenzug die Gewissheit hat, dass er für das Recht, für seine Ehre und für das Vaterland eintreten wird."

„Und bis dahin kann ich wohl mit meiner Fastenkur fortfahren, an die mich meine Mutter gewöhnt hat. Sie werden es nicht glauben, mein guter La Hire, aber es ist die traurige Wahrheit, dass mein Koch mir mitgeteilt hat, dass er heute nichts zu servieren hat als ein Paar Hühner und ein Hinterviertel Hammelfleisch. Und zu einem solchen Bankett soll man Sie als Gäste einladen!"

„Nun, Sire, das ist in Ordnung. Heute werden wir das Geflügel und das Hammelfleisch essen; Morgen werden wir die Engländer aus ihren Küchen vertreiben und uns an ihre Tische setzen."

„Aber wie vertreiben wir sie? Es ist unmöglich. Kann ich Truppen aus dem Boden beschwören?"

„Ja, Sire , das können Sie!"

Der Dauphin sah ihn erstaunt an.

„Halten Sie mich für einen Zauberer? Oder meinst du, ich stehe in einer Partnerschaft mit dem Teufel?"

„Entschlossenheit und Mut, Sire, haben oft Wunder gewirkt. Schreiben Sie sie heute auf Ihr Banner, und morgen wird es nicht verlassen flattern. Es wird diejenigen um sich scharen, die entmutigt abgefallen sind, sowie diejenigen, die dem Waffenberuf nachgehen und sich um der reichen Belohnung willen gerne unter solch einem königlichen Banner bewerben würden. Es gibt noch Männer, die bereit sind, dir mit ihren guten Schwertern zur Seite zu stehen. Sehen Sie, hier ist mein treuer Freund Saintrailles ", er zeigte auf seinen Begleiter, „und er ist nicht der Einzige, der bereit ist."

„Gerne geschehen, tapferer Ritter", sagte Charles. „Es ist eine Schande, dass ich Sie nur einladen kann, sich zu zwei Hühnern und einer Hammelkeule zu setzen ."

„Sire", antwortete Saintrailles , der seine Empörung kaum zurückhalten konnte, „ich habe nicht an Ihren Tisch gedacht, als ich meinem Freund hierher folgte. Ich dachte an deine erbärmliche Lage und an das blutende Vaterland."

„Und glauben Sie, dass es geholfen werden kann?"

„Gewiss, Sire, aber wer gewinnen will, muss es wagen."

„Ja, und in der Zwischenzeit könnte er auch verlieren. Aber durch meinen Glauben habe ich nicht mehr viel zu verlieren."

„Aber umso mehr zu gewinnen. Die mutige Seele denkt nur ans Gewinnen."

„Oh ja, du redest wie La Hire, und La Hire redet wie Marie, und Marie redet wie – aber wenn die Engländer mir das Languedoc als unabhängiges Herzogtum überlassen würden, dann –"

Er beendete den Satz nicht, denn durch die teilweise offene Seitentür sah er den warnenden Finger von Agnes Sorel. Dann fuhr er fort:

„Ich freue mich, dass Ihr gekommen seid, edle Ritter. Wir werden uns am Tisch treffen und diese Angelegenheit weiter besprechen. Aber leider! zwei Hühner und eine Hammelkeule!"

Am Abend desselben Tages, als La Hire seine Unterkunft erreichte und seine Rüstung ablegte, trat ein junger Mann von etwa achtzehn Jahren ein. Seine kräftige, geschmeidige Gestalt, sein schönes, edles Gesicht, seine durchdringenden schwarzen Augen, seine hohe Stirn unter rabenschwarzen Haaren sowie sein entschlossenes, selbstbewusstes Auftreten beeindruckten den Ritter.

„Wer bist du und was wünschst du dir?" sagte er und betrachtete gleichzeitig den jungen Mann mit offensichtlicher Zufriedenheit.

„Mein Name, edler Ritter, ist Ihnen wahrscheinlich unbekannt", war seine Antwort. „Mein Vater seligen Andenkens hat es mir jedoch unbefleckt hinterlassen. Ich bin gekommen, um diesen Namen unter Ihrem Banner im Dienste des verzweifelten Königs und des unglücklichen Vaterlandes zu ehren."

„Gut gesagt, junger Mann, und bei Unserer Lieben Frau, du siehst für mich aus wie jemand, der sowohl sein Schwert als auch seine Zunge benutzen kann. Wir werden die Angelegenheit prüfen."

„Wollen Sie meinen Dienst nicht annehmen, edler Herr?"

„Sanft, junger Mann. Glaubst du, dass ich die Ehre meines Banners jedem namenlosen Kerl anvertraue? Raus mit deinem Namen."

„Ich heiße Jean Renault."

„Renault? War Ihr Vater dieser Thomas Renault, der im Dienst des Herzogs von Orleans im Kampf gegen die Engländer fiel?"

„Das Gleiche, edler Herr."

„Dann tausendmal willkommen. Dein Vater war ein tapferer Ritter und ein edler Herr. Von heute an wirst du unter meinem Banner dienen und du wirst reichlich Gelegenheit haben, dir deine ritterlichen Sporen zu verdienen." Daraufhin schüttelte er dem jungen Mann herzlich die Hand.

„Ich danke Ihnen für Ihr Vertrauen, edler Herr", antwortete der neue Anhänger mit strahlenden Augen. „Ich werde mein Möglichstes tun, um dieses Vertrauen zu rechtfertigen, aber was ich tun kann, um mir meine ritterlichen Sporen zu verdienen, weiß ich noch nicht, teils wegen meiner Jugend, und auch, obwohl es keine Schande ist, teils wegen meiner Armut."

"Armut! Dein Vater hatte Eigentum.“

"Ja; aber es war in Rouen und ist in die Hände der Engländer gefallen.“

„Nun, wir werden dafür sorgen, dass es Ihnen zurückgegeben wird. Aber jetzt sagen Sie mir, wo Sie Ihre Ausbildung erworben haben.“

„Unter meinem Vater, zu dessen Gefolge ich zuletzt gehörte.“

„Dann haben Sie auch gegen die Engländer gekämpft?“

„Ja, ich war in der Schlacht, in der mein Vater fiel und der Herzog von Orleans gefangen genommen wurde.“

„Dann bist du doppelt willkommen, mein junger Freund“, rief der Ritter herzlich aus. „Ich weiß genau, dass ich den Platz deines Vaters nicht einnehmen kann, aber ich werde alles für dich tun, was ein Mann kann.“

Von dieser Großzügigkeit überwältigt, drückte Jean die ihm vom Ritter dargebotene Hand an seine Lippen. Sein Herz war zu voll für Worte. La Hire verstand sein Schweigen und bewunderte ihn umso mehr. „Sie kommen aus der Gegend von Rouen und kennen sich dort aus?“ er fuhr fort.

„Ich kenne jedes Dorf in der Umgebung, edler Herr. Ach! Sie sind fast alle ruiniert.“

"Ja! Gott und die Heiligen haben Mitleid mit ihnen. Aber kennen Sie außerdem den Bischof von Beauvais?“

„ Sicherlich kenne ich ihn. Es ist seine Diözese.“

„Das ist ein Glück. Ich habe eine Nachricht für den Bischof, aber keinen Boten, der sich mit dieser Region auskennt oder gerissen genug ist, den Engländern zu entgehen. Ich kann dir in beidem vertrauen?“

„Ich bin bereit, edler Herr, vorausgesetzt, Sie möchten nicht, dass ich als Spion fungiere.“

„Glaubst du, mein junger Freund, dass ich dich wählen würde, wenn ich einen Spion bräuchte? Nein, die Mission, die Sie übernehmen sollen, hat nichts mit dem Krieg zu tun. Allerdings kann ich Ihnen nicht verheimlichen, welche Gefahr dieses Unterfangen mit sich bringt. Der Bischof von Beauvais steht in dem Ruf, geldliebend zu sein und sich beiden Seiten zuzuwenden. Verstehst du mich?"

„Perfekt, edler Herr. Er ist bald den Burgundern, bald den Lotharingern , bald den Engländern und bald dem Herzog von Orleans ergeben.“

"Hören. Die Engländer könnten einen Boten an ihn leicht als Spion betrachten, was mich, bei Unserer Lieben Frau, betrüben würde. Aber selbst wenn sie dich als Gefangenen festhalten würden, wäre das unangenehm, denn in unserer Staatskasse ist das Geld so knapp, dass du möglicherweise lange auf deine Freilassung warten müsstest."

„Ich glaube nicht, edler Herr, dass die Engländer mich erwischen werden."

„Dann werden Sie die Mission übernehmen?"

„Ich erwarte deine Befehle."

„Ruhe heute und morgen. Übermorgen erhalten Sie den Brief für den Bischof .

Da die Straße nach Rouen direkt durch das englische Viertel führte, war es für einen Boten praktisch unmöglich, die Reise zu Pferd anzutreten. Jean beschloss daher, als Bauer verkleidet zu Fuß zu gehen. Da die Städte um Orleans im Besitz der Engländer waren, war er immer wieder gezwungen, abweichende Wege einzuschlagen. Er machte einen weiten Bogen um Paris und näherte sich schließlich Rouen von Osten her. Während dieses Teils seiner Reise hielt er eines Mittags in einem Wald an, um sich auszuruhen und seine einfache Mahlzeit zu genießen. Während er damit beschäftigt war, hörte er plötzlich eine weibliche Stimme, die um Hilfe rief. Er sprang auf und rannte zur Straße, von der der Schrei gekommen war. Er versteckte sich hinter einigen Büschen und beobachtete und lauschte. Er hörte das ferne Rattern einer Kutsche und das Klappern von Rüstungen im Osten. Bald darauf trottete eine schwere Reisekutsche über die holprige Straße, begleitet von einem halben Dutzend bewaffneter Männer.

„Ist ein schändliches Verbrechen begangen worden und kam der Schrei aus dieser Kutsche?" sagte Jean zu sich. "Was! Ich glaube, ich kenne die Arme an der Kutschentür. Warum, sicherlich. Sie sind die des Herzogs von Luxemburg. Aber ich muss mir dessen sicher sein." Damit stürzte er aus seinem Versteck. "Halt!" schrie er und schwang seinen Noppenstock.

Der Kutscher und die Begleiter waren erstaunt. Es schien unglaublich, dass ein einzelner Mann, der mit einer solchen Waffe bewaffnet war, es wagen sollte, ihnen den Befehl zum Anhalten zu geben. Während sie sich auf den Widerstand vorbereiteten, beobachteten sie nicht so sehr den jungen Mann als vielmehr das Dickicht, denn sie befürchteten, dass andere Bauern auftauchen könnten. Während dieses kurzen Wartens entdeckte Jean, was er befürchtet hatte und was er unbedingt herausfinden wollte. Kaum war sein „Halt" verklungen, als das Gesicht eines Mädchens an der Kutschentür erschien.

"Helfen! helfen!" sie weinte voller Angst. "Helfen! Sie schleppen mich in ein Kloster —"

Dem letzten Wort folgte ein unterdrückter Schmerzensschrei. Jemand im Wagen hatte sie zurückgezogen und ihre Schreie erstickt. Anstelle des Mädchengesichts erschien nun an der Tür das zornige Gesicht eines Ritters.

„Ergreife den Hund", rief er. "Töte ihn nicht. Ich muss ihn am Leben halten."

Die bewaffneten Männer bereiteten sich sofort auf den Einsatz vor, aber Jean rührte sich nicht. Er stand unbeweglich wie eine Statue da und starrte auf die Tür. Der Kummer, den er nicht lindern konnte, drohte ihm selbst zum Verhängnis zu werden, aber er blieb wie an Ort und Stelle kleben und versuchte, die Persönlichkeit des Opfers zu identifizieren. Er hatte nur einen flüchtigen Blick von ihr erhascht, aber dieser Blick hinterließ einen Eindruck, der nicht auszulöschen war. Sie war ein Mädchen von fünfzehn oder sechzehn Jahren und von so strahlender Schönheit, dass selbst ihr Ausdruck schmerzlichen Leidens und ihrer Angst ihren Charme nicht schmälern konnte.

Unterdessen bereiteten die bewaffneten Männer ihren Plan vor. Offensichtlich wollten sie ihn umzingeln und überwältigen, aber ihre Bewegungen waren zu langsam, um dem Ritter in der Kutsche gerecht zu werden. „Nun", brüllte er, „worauf wartest du noch? Ergreife ihn!"

Der Befehl brachte Jean zur Besinnung und der erste Blick offenbarte seine Gefahr. Mit einem schnellen Ansturm durchbrach er den Kreis seiner Angreifer und rannte zurück ins Dickicht.

„Folge ihm, reite ihn nieder", schrie der Ritter wütend.

Die bewaffneten Männer ritten hinter ihm her, aber bevor sie ihn einholen konnten , war er im Wald verschwunden, wo sie ihm zu Pferd nicht folgen konnten. Abzusteigen und ihn zu Fuß zu verfolgen, wäre ein voreiliges Unterfangen gewesen, also drehten sie sich um, nur um heftige Vorwürfe und Flüche von ihrem Herrn zu erhalten, der gezwungen war, seine Reise ohne sein ersehntes Opfer fortzusetzen.

Jean ging nicht weit, denn er wusste genau, dass sie es nicht wagen würden, ihm in den Wald zu folgen. An einen Baum gelehnt beobachtete er die Kutsche, die die Straße nach Rouen nahm. Sein erster Impuls war, ihm zu folgen und ihn im Auge zu behalten, aber als er darüber nachdachte, fiel ihm ein, dass er in diesem Moment nicht sein eigener Herr war, sondern im Dienst eines anderen stand und dass er unter solchen Umständen kein Recht hatte, ein Risiko einzugehen seine Freiheit oder sein Leben. Deshalb ließ er die Kutsche mehrere Stunden weiterfahren, bevor er seine Reise fortsetzte.

Unter Berücksichtigung der Vorsichtsmaßnahmen, die er treffen musste, würde es drei oder vier Tage dauern, bis er Rouen erreichen könnte.

Unterwegs erkundigte er sich mehrmals nach dem Verbleib der Kutsche, so dass er, als er am Abend des vierten Tages in die Stadt kam, wusste, dass sie dort war. In dem Gasthaus, in dem er wohnte, gab er sich als flüchtiger Bauer aus, der ein Gespräch mit dem Bischof wünschte, damit er ihm von den Leiden seiner selbst und seiner Dorfbewohner erzählen könne. Da seine Geschichte wahrscheinlich war, hoffte er, dass es keinen Widerstand gegen seinen Verbleib dort geben würde. Ihm wurde gesagt, dass der Bischof zwei Tage zuvor in Begleitung des Herzogs von Luxemburg eingetroffen sei und einen jungen Novizen in das Kloster der Heiligen Ursula gebracht habe. Er war wieder mit dem Herzog weggegangen , allerdings nur für kurze Zeit.

Wann immer Jean das Gasthaus verließ, machte er sich auf den Weg zum Kloster. Er konnte nur die Außenwände sehen und fühlte sich dennoch immer wieder von ihr angezogen. In der Nähe des Klosters steht die Kirche der Heiligen Ursula. Da die Türen immer offen standen, hinderte ihn nichts daran, einzutreten und inbrünstig für das unglückliche Mädchen zu beten, das er im Wald gesehen hatte. Eines Tages wählte er für seine Andachten wie üblich einen Platz nahe der Mauer zwischen Kirche und Kloster. Diese Mauer muss häufig genutzt worden sein, denn darin befand sich eine Tür, die zu einem Durchgang zu den anderen Gebäuden führte. Während Jean betete, war die Kirche leer und in der zunehmenden Abenddämmerung war der heilige Raum ruhig und erholsam. In der tiefen Stille schien es ihm, als höre er in der Ferne menschliches Schluchzen. Er hörte aufmerksam zu. Daran konnte es keinen Zweifel geben. Er wurde nicht getäuscht. Das Geräusch schien aus der Wand zu kommen. Er legte sein Ohr an den Stein und hörte deutlich die schmerzhaften Ausrufe einer Frau, die abwechselnd stöhnten und leise schluchzten. Kalter Schweiß stand ihm auf der Stirn. Er fühlte sich wie angewurzelt. Je länger er zuhörte, desto heftiger wuchs der Sturm in seiner Brust. Schließlich konnte er es nicht länger ertragen . Er stürzte in die Luft. Sein Herz platzte fast. „Die gefangene Dame!" Er schrie: „Kann sie es sein?"

Seine Verzweiflung zog ihn erneut an die Stelle, und erneut lauschte er. Sein Puls schlug so fieberhaft und er war so aufgeregt, dass es ihm unmöglich war, ruhig zu urteilen, aber er glaubte, die Stimme zu erkennen.

Während seines restlichen Aufenthalts in Rouen verbrachte Jean seine Zeit fast ausschließlich damit, das Schicksal dieses Unglücklichen herauszufinden, aber es war vergebens. Er merkte nur, dass er Aufmerksamkeit auf sich zog, und diese Aufmerksamkeit wurde schließlich so deutlich, dass er nach der Übergabe des Briefes an den Bischof gezwungen war, Rouen abrupt zu verlassen und sich auf den Rückweg zu begeben.

Kapitel III
die Verschwörung

Vier Meilen von Cambray [15] entfernt erheben sich die Türme von Beaurevoir Castle aus waldgekrönten Höhen. Bei der Wahl dieses Ortes verbanden die Bauherren das Nützliche mit dem Schönen, denn das Schloss war sowohl für seine Stärke als auch für seine attraktive Lage bekannt. Der Ausblick aus den oberen Fenstern und von den Türmen entschädigte den anerkennenden Beobachter zu jeder Jahreszeit, aber er hätte am längsten voller Bewunderung verweilt, wenn Park und Gärten, Wald und Wiese, Feld und Hain in der Schönheit des frühen Frühlings geschmückt waren. als die dicht besiedelten Dörfer im Osten, Westen und Norden inmitten ihrer üppigen Ernten lächelten oder als auf den südlichen Höhen der Argonne-Wald in sein prächtigstes Grün gehüllt war. Wie viel attraktiver müssen die Schönheiten dieses Ortes für ein Kind gewesen sein, dessen größte Freude es war, zwischen den Blumen im Garten und auf der Wiese, den Vögeln in den Parks und der abwechslungsreichen Landschaft zu sein! Wie eng muss ein solches Kind an einen solchen Ort gebunden gewesen sein! Wie groß ist die Versuchung, die ganze Zeit mit der Natur zu verbringen!

Ein solches Kind war von der Sonne eines frühen Apriltages im letztgenannten Jahr in den Park und die Gärten gelockt worden – ein Mädchen voller Farbenpracht und voller Gesundheit. Aus der Ferne schien sie etwa achtzehn Jahre alt zu sein, aber bei näherer Betrachtung zeigte sich, dass sie nicht viel älter als fünfzehn sein konnte. Von all den schönen Dingen in dieser wunderschönen Szene war sie das attraktivste, da sie wie ein Reh herumtollte und hüpfte und zum ersten Mal über die Blumenwiesen hüpfte. Während sie im Sonnenschein herumlief, drückte sie ihre kindliche Freude über jedes neue Zeichen des wunderbaren Frühlingswerks aus und brach in überschwängliche Jubelrufe aus, als sie die ersten Veilchen im Gras entdeckte.

Zwei Damen, die ihr langsam folgten und sich ernsthaft unterhielten, wurden von ihrem Geschrei angezogen. „Da", sagte einer von ihnen, ein etwas schlanker Mensch mit eckigen Gesichtszügen und scharfen Augen, „sehen Sie, was für ein undiszipliniertes Wesen sie ist." Ist es angemessen, dass sie sich so verhält? Das kommt davon, dass man ihr ihren eigenen Weg gehen lässt. Wie oft habe ich protestiert! Aber welchen Nutzen hat es? Wenn Sie merken, dass Ihr Reden nichts nützt, ist es am besten, den Mund zu halten. Wenn nicht, dann sagen sie: ‚Oh ja, so reden neidische alte Jungfern immer.'"

Die andere Dame, deren hübsches Gesicht, das vor Gutmütigkeit strahlte, in auffallendem Kontrast zu dem ihrer Begleiterin stand, warf ihr einen bittenden Blick zu. „Oh, liebe Rosette, täuschst du dich nicht? Wer würde es wagen, die Schwester meines Mannes mit einer solchen Bemerkung zu beleidigen?"

„Na ja, wissen Sie, die Leute denken oft viele Dinge, die sie nicht sagen."

"Das ist wahr. Aber selbst wenn sie es tun, warum sollten Sie dann zu dem Schluss kommen, dass sie Dinge über Sie denken, die sie nicht zu sagen wagen?"

„Ich kann Ihnen keinen genauen Grund nennen."

„Dann muss ich Ihnen sagen, dass es nicht nett ist, schlecht über andere zu denken, insbesondere über Ihre eigenen Freunde, es sei denn, Sie haben ausreichenden Grund dazu. Aber das macht nichts. Du hast von Marie gesprochen. Sie sind beleidigt über das Verhalten des armen Kindes."

"Kind! Ein schönes Kind ist sie, – ha! Ha! Du hättest schon vor einiger Zeit wissen müssen, dass sie kein Kind mehr ist. Sie ist ein erwachsenes Mädchen."

„Hoffen wir, dass sie es noch lange nicht entdeckt. Wie glücklich wäre sie, wenn sie ihr kindliches Wesen immer bewahren könnte! Schau sie dir an, liebe Rosette! Ist es nicht ein wunderschöner Anblick – so ein unschuldiges Kind, das vor purer Freude Sport treibt?"

Die Schwägerin rümpfte die Nase.

„Aber warum ist ihr Verhalten nicht angemessen?" fuhr der andere fort. "Richtig! Was ist richtig? Sind nicht viele Dinge richtig, die als höchst unangemessen bezeichnet werden? Marie ist hier in ihrer eigenen Welt. Sie ist darin aufgewachsen, hängt daran und genießt es. Sie können sich nicht vorstellen, wie sehr ich mich freue, sie so zu sehen. Armer Kleiner! Schon in jungen Jahren zur Waise geworden, hat sie nie den Trost der Umarmungen eines Vaters oder einer Mutter gespürt, und soll ich ihr ihre harmlosen Freuden gönnen?"

„Es wäre viel besser, wenn sie sofort ein ruhigeres und ernsteres Leben führen würde, um sich auf ihre Zukunft vorzubereiten."

„Was hält die Zukunft für sie bereit?"

„Ist sie nicht für das Kloster bestimmt?"

„ Wer sagt das? Sie ist Alleinerbin Ludwigs von Chafleur , der ihr einen reichen Besitz hinterlassen hat. Warum sollte sie den Schleier tragen?"

„Sie wird es nicht freiwillig nehmen. Ich denke, es ist der Wunsch Ihres Mannes."

„Ich glaube, Sie irren sich. Zumindest ist mir kein solcher Plan bekannt. John sagte einfach, dass ein Kloster der sicherste Rückzugsort für Marie sei, falls die Kriegswirren in den Argonne-Wald eindringen sollten . Den Schutz eines Klosters zu suchen und den Schleier anzunehmen, sind zwei verschiedene Dinge.“

Rosettes Augen glänzten vor boshaftem Triumph, als sie Marie ansah, die in diesem Moment mit einem Strauß Veilchen herbeistürmte und dem Gespräch ein Ende machte; Ihr Blick schien zu sagen: „Ich weiß manche Dinge besser als du.“

Während dies im Park geschah, standen zwei Männer an einem oberen Fenster des Schlosses. Sie waren weit über dem mittleren Alter und ähnelten einander in einem gewissen kalten, listigen und berechnenden Gesichtsausdruck. Einer von ihnen trug die übliche Tracht eines Ritters, der andere die konventionelle Kleidung eines hohen kirchlichen Würdenträgers. Einer davon war Johann von Luxemburg, der Burgherr; der andere, Pierre Cauchon , Bischof von Beauvais.

„Das Mädchen ist wirklich ein hübsches Kind“, sagte der Bischof , als er Marie ansah.

„Oh ja“, stimmte der Schlossherr langsam zu. „Aber“, fügte er mit einem seltsamen Augenzwinkern hinzu, „ich weiß etwas Schöneres.“

Der Prälat verstand. "Hm! Das werde ich nicht bestreiten. Das sind schöne Besitztümer. Es wäre schade, wenn sie in die Hände von Fremden gelangen würden.“

„Sie haben genau meinen Gedanken bestätigt, Ihre Hochachtung. Daher denke ich, dass wir uns in dem allgemeinen Punkt einig sind.“

„Du meinst, dass es in diesen Zeiten der Unruhe keinen Ort gibt, an dem Marie so sicher sein kann wie in der Zelle eines Klosters.“

„Genau, und wenn ich mich nicht irre, meinen Sie das auch.“

„Im Allgemeinen ja; aber den wichtigsten Punkt haben wir noch nicht bedacht.“

„Kommen wir zur Sache.“

„Es stellt sich die Frage: Wie soll das Mädchen für das Kloster gesichert werden? und als nächstes: Wie soll sie dorthin gebracht werden?“

„Ich werde dafür sorgen, dass sie dorthin gebracht wird. Was den Rest der Angelegenheit betrifft, berufe ich mich auf die Erfahrung Ihrer Ehrfurcht.“

"Hm! Eine schwierige Aufgabe, wenn, wie in diesem Fall, der Novize eine äußerste Abneigung gegen ein Kloster hegt.“

„Es ist nicht so schwierig, wie es auf den ersten Blick scheint. Mir sind ähnliche Fälle bekannt, in denen die Aufgabe erfolgreich gelöst wurde."

„Ja, aber unter besonderen Umständen."

„Die Umstände in unserem Fall sind ähnlich."

Das Gesicht des Bischofs hatte einen schlauen Ausdruck. „Das ist wirklich eine ganz andere Sache. Lasst uns davon hören."

„ Selbstverständlich bleibt Maries Eigentum bis zur Volljährigkeit im Besitz ihres Vormunds und steht ihr dann zur Verfügung."

"Das ist klar. Aber was wird die Kirche bekommen?"

„Geduld, Euer Respekt. Sollte sie dieses Alter nicht erreichen – und das ist nicht unmöglich –"

"Also?"

„Ich verstehe, dass in einem solchen Fall das Eigentum rechtlich mein Eigentum ist."

„Das ist auch klar. Aber was wird die Kirche bekommen?"

„In diesem Fall können wir eine Vereinbarung darüber treffen, wie viel die Kirche erhalten soll."

„Wir verstehen uns, edler Ritter. Aber angenommen, sie erreicht das gesetzliche Alter?"

„Dann muss die Kirche dafür sorgen, dass die gesetzlichen Vorgaben nicht verbindlich sind. Ich sage „gesetzliche Anforderungen". Verstehst du mich, heiliger Vater?"

„Perfekt, mein edler Freund. Manchmal mussten wir Ausnahmen von Anforderungen gewähren, die sich im Nachhinein aufgrund von Unregelmäßigkeiten als ungültig erwiesen."

„Ich bin froh, dass wir uns so gut verstehen."

„Ja, aber was wird die Kirche bekommen?"

„Das Gleiche wie im anderen Fall, nämlich ein Anteil am Vermögen, nur gelangt die Kirche erst nach dem Tod der Erblasserin in den tatsächlichen Besitz."

"Hm! Es scheint mir, mein edler Freund, dass Sie nicht nur beabsichtigen, den Löwenanteil, sondern den gesamten Preis zu gewinnen. Im Todesfall hätte die Kirche den ersten Anspruch."

„Sie haben mich nicht ausreden lassen, Hochachtung. Bis zum Tod des Erben werde ich Ihnen als Vertreter der Kirche ein jährliches Einkommen von dreihundert Pfund sichern.“

„Lieber Onkel, sieh dir diese wunderschönen Veilchen an“, rief sie

Die Augen des Bischofs glitzerten. „Und die Sicherheit?“ sagte er und streckte seine Hand aus.

„Mein Wort, das Wort eines Adligen;“ und sie schüttelten sich die Hände.

Es entstand eine Pause. Jeder der Männer schien in der Stille zu überlegen, ob er nicht irgendwann feststellen würde, dass er übervorteilt worden war und nicht seinen angemessenen Anteil erhalten hatte. Der Bischof traf als erster eine Entscheidung und fragte: „Wann sollen wir mit unserer Arbeit beginnen, edler Freund?"

„Sofort, wenn Sie bereit sind." Daraufhin klingelte er und befahl dem Diener, Mademoiselle de Chafleur zu rufen .

Es dauerte nicht lange, bis Marie voller freudiger Freude ins Zimmer gerannt kam. „Lieber Onkel, sieh dir diese wunderschönen Veilchen an", rief sie. „Oh, was für ein köstliches Parfüm!"

„In der Tat sehr schön. Sie sind Boten, die der Frühling den anderen Blumen gesandt hat."

„So muss es sein. Oh, Sie können sich gar nicht vorstellen, wie schön der Park schon ist! Sag mir schnell, was ich tun soll, damit ich bald zurückkommen kann."

„ Du findest es also sehr angenehm im Park?"

„Oh, ich könnte immer dort bleiben."

„Umso mehr tut es mir leid , dass du es bald verlassen musst."

"Was! Verlassen! Onkel, ich verstehe dich nicht."

„Ja, Kind. Der Kriegslärm rückt immer näher."

„Was ist damit? Ist das Schloss nicht sicher? Lasst die Engländer kommen. Wir werden diese langnasigen Herren wieder nach Hause schicken. Ja, ‚wir', sage ich, denn Sie wissen, dass ich ein Chafleur bin ."

„Ich habe höchsten Respekt vor deinem Mut, meine kleine Amazone, aber die Engländer werden sich dadurch nicht allzu sehr einschüchtern lassen. Nein, Kind, ich muss einen sichereren Ort für dich finden."

„Und meine Tanten?"

„Oh, das ist eine andere Sache. Meine Frau und meine Schwester müssen sich dem Unvermeidlichen unterwerfen."

„Und ich kann es auch."

"Kein Kind. Dein Vater hat dich mir heilig anvertraut . Ich würde mein Wort nicht halten, wenn ich Sie den Gefahren des Krieges aussetzen würde."

„Aber ich sage es noch einmal, Onkel, und du hast selbst gesagt, dass die Burg sicher genug ist."

„ Dennoch kann man es nehmen; aber kein Feind wird es wagen, die heiligen Mauern eines Klosters anzugreifen."

„Ein Kloster! Wie meinst du das? Hast du vor, mich zur Nonne zu machen? Mich! Eine Nonne! Ha! Ha! Ha! Ich werde vor Lachen sterben."

„Es sind nicht immer Nonnen, die in einem Kloster Unterschlupf finden."

„Trotzdem sage ich ein für alle Mal, Onkel, dass ich nichts mit einem Kloster zu tun haben werde."

„Dann sag mir, was du tun wirst, denn du kannst nicht hier bleiben."

„Ist das dein Ernst, Onkel?"

„Absolut."

Dem Mädchen traten Tränen in die Augen. Schluchzend schlang sie ihre Arme um seinen Hals und rief: „Onkel, du kannst mich nicht von dir wegschicken."

„Es dient deiner Sicherheit, mein Kind."

„Aber ich wünsche mir keine besondere Sicherheit. Wo meine Tanten bleiben können, kann ich auch bleiben."

„Es nützt nichts. Keine Verwendung. Meine Entscheidung ist endgültig."

Das Mädchen stand aufrecht. Sie wischte sich die Tränen aus den Augen und sah den Ritter mit einem seltsamen und verzweifelten Gesichtsausdruck an. Allmählich wurde ihr Blick kälter und starrer, und schließlich erkannte er ihre unerschrockene Entschlossenheit.

„Meine Entscheidung ist auch gefallen, Onkel. Ich werde nicht in ein Kloster gehen. Ich würde lieber in die Hände der Engländer fallen. Doch so verzweifelt ist die Lage nicht. Ich werde es meinem Verwandten La Hire mitteilen. Er wird mich beschützen. Gib mir einen Boten, Onkel. In einer Stunde werde ich einen Brief fertig haben." Daraufhin verließ sie das Zimmer.

„Nun, was denkst du jetzt, edler Ritter?" begann der Bischof .

„ Pah !" Er antwortete: „Ich werde ihr einen Boten schicken, der ihren Brief in den ersten Waldbach wirft, an den er kommt, und zurückkommt, ohne La Hire zu sehen."

Am Morgen des vierzehnten Tages nach dieser Szene stand eine schwere Reisekutsche mit einer Eskorte von sechs bewaffneten Männern im Burghof. Marie lag schluchzend in den Armen von Madame de Luxemburg. Immer noch schluchzend folgte sie dem ungeduldigen Schlossherrn schließlich zur Kutsche. Von La Hire hatte man nichts gehört, und als, wie Johannes von

Luxemburg gesagt hatte, ein Angriff auf die Burg bevorstand, sagte er Marie, er werde sie zu ihrem Verwandten begleiten. Im ersten Gasthaus trafen sie offenbar zufällig den Bischof von Beauvais. Als er in die gleiche Richtung reiste, folgte er der Einladung des Ritters, in der Kutsche Platz zu nehmen.

Von Trauer überwältigt und nicht mit irgendwelchen Tricks rechnend, bemerkte Marie zunächst nicht, welchen Weg sie einschlugen. Nachdem sie jedoch an drei oder vier Gasthäusern vorbeigekommen war, sah sie, dass sie nach Westen statt nach Süden fuhren. Nicht einmal damals ahnte sie einen Verrat. Sie kamen ihren Anfragen leicht nach, indem sie vorgaben, sie müssten einen Umweg nehmen, um einer Begegnung mit den Engländern zu entgehen. Als sie jedoch am nächsten Tag in derselben Richtung weitergingen, war ihr Verdacht völlig geweckt.

„Onkel“, sagte sie, „du kannst mich nicht länger täuschen; Du bringst mich nicht nach Chinon . Was wirst du mit mir machen?“

„Ich werde dich nicht täuschen, Kind“, antwortete der Ritter, denn Vortäuschung war nutzlos. „Ich kann meinen Plan, Sie nach Chinon zu bringen, nicht umsetzen . Das gesamte Loire-Gebiet ist in englischer Hand. Ich kann nicht einmal nach Beaurevoir zurückkehren , also bleibt mir nichts anderes übrig als …“

"Aber was?" rief sie mitleiderregend aus.

„Das Kloster.“

Sie stieß einen Schreckensschrei aus.

„Sei still“, sagte der Ritter barsch. „Wenn du noch einmal schreist , werde ich dich auf eine Weise zum Schweigen bringen, die vielleicht nicht angenehm ist.“

Sie befanden sich in einem Wald, in dem sich möglicherweise flüchtige Bauern versteckten. Selbst aus einiger Entfernung hatte er Angst gehabt, das Mädchen könnte die Aufmerksamkeit anderer auf sich ziehen. Er wollte sein Ziel unbeobachtet erreichen und war besonders darauf bedacht, dass niemand auch nur ahnte, wo er war oder was er tat.

Marie hatte keine Angst vor seiner Drohung, aber ein kurzer Blick zeigte ihr, dass sie sich in einem Wald befanden, in dem keinerlei Hilfe zu erwarten war. Verzweifelt sank sie in eine Ecke der Kutsche zurück. Wut, Verzweiflung und Verachtung tobten abwechselnd in ihrer Brust, bis sie schließlich, von Erschöpfung überwältigt, ihr Gesicht in ihren Händen vergrub und weinte.

Das energische „Halten“ einer männlichen Stimme weckte sie aus ihrem elenden Zustand. Im Nu war sie an der Kutschentür. Ihr erster Blick fiel auf einen hübschen jungen Mann, der mutig auf die Kutsche zuging. Der Leser weiß, wer er war.

"Helfen! helfen!" sie weinte unwillkürlich. „Sie bringen mich in ein Kloster.“

Ihr Vormund zog sie zurück und brachte ihr Schreien zum Schweigen, indem er ihr sein Taschentuch vor den Mund hielt. Sie versuchte verzweifelt, sich zu befreien – aber was nutzte ihre Schwäche gegenüber der Stärke eines ausgebildeten Ritters? In ihrer Angst stieg das Bild des tapferen Jünglings vor ihr auf, und ihre Sorge um sein Schicksal ließ sie ihr eigenes vergessen. Sie hörte aufmerksam zu, was draußen vor sich ging. Sie zitterte, als es ihr unmöglich schien, zu entkommen, aber schließlich frohlockte sie, als sie wusste, dass er in Sicherheit war.

Es war spät in der Nacht, als der Wagen anhielt. Marie wusste durch den Ruf eines Wächters, dass sie sich entweder vor einer Stadt oder einer Burg befanden. Der Bischof nannte seinen Namen und das knarrende Tor öffnete sich. Der Wagen fuhr durch mehrere dunkle Straßen und hielt schließlich vor einem großen, düsteren Gebäude. Auch hier war der Name des Bischofs ein offenes Sesam; Die schweren Riegel wurden zurückgeschoben, die Kutsche rollte über einen gepflasterten Hof, und mit einem hohlen, schicksalhaften Geräusch wurde das Tor geschlossen und verriegelt.

Marie zitterte wie in einem Fieberanfall. Sie erkannte, dass sie eine Gefangene war und möglicherweise von allen Freuden des Lebens abgeschnitten war; aber kein Laut kam über ihre Lippen. Allein ihre stumme Trauer machte ihren Verfolgern Vorwürfe. Sie wusste nicht, dass sie sich im Ursulinenkloster in Rouen befand, aber sie zweifelte nicht daran, dass es sich um ein Kloster in der Diözese des Bischofs handelte . Offensichtlich waren sie bereit, einen erhabenen Gast, den sie erwartet hatten, standesgemäß zu empfangen. Die Äbtissin, eine Dame mittleren Alters, die ihrer Sprache und ihrem Benehmen nach zu urteilen von hohem Rang hätte sein können, erwartete sie im Salon. Nachdem der Bischof ein paar Worte mit ihr gewechselt hatte, wandte sich die Äbtissin an Marie und sagte: „Möge Ihr Eintritt unter uns gesegnet sein, Mademoiselle de Chafleur .“ Ich hoffe, dass diese heiligen Mauern Ihnen sowohl die äußere Sicherheit geben, die Sie brauchen, als auch Ihrem Herzen den Frieden, den die Welt nicht geben kann.“

Der Ton, mit dem sie diese Worte sprach, hatte etwas so Herzliches und zugleich so Gewinnendes, dass Marie mit größter Aufrichtigkeit ihre ausgestreckte Hand an ihre Lippen drückte und sie mit Küssen bedeckte. Sie sehnte sich danach, sich in die Arme dieser gnädigen Dame zu werfen und ihren Kummer auszuweinen, wie sie es an der Brust einer Mutter tun würde. Ihre Sehnsucht war so überwältigend, dass sie auf die Knie sank und die Hand der Äbtissin mit ihren Tränen benetzte.

„Rette mich, gnädige Dame, rette mich", flehte sie. „Ich bin das Opfer einer Verschwörung. Sie haben mich betrogen, mich mit Gewalt hierher gebracht und mich von allem entrissen, was mir lieb und heilig ist."

Die erstaunte Äbtissin warf dem Bischof einen fragenden Blick zu . „Die Novizin", antwortete er darauf, „ist hier, weil es der Wunsch ihres Vormunds ist, eines Herrn von Luxemburg, der allein die Autorität hat, für sie zu handeln." Daher ist es müßig, von Gewalt zu sprechen. Zu deinem –"

„Ich bin kein Neuling", rief Marie und erhob sich. „Ich bin Marie von Chafleur . Mein Vormund hat die Kontrolle über mein Eigentum, aber er hat nicht das Recht, willkürlich über meine Person zu verfügen."

„Ich vertraue auf Ihre Fähigkeit", fuhr der Bischof fort , „diese weltlichen Ideen, die innerhalb dieser heiligen Mauern unpassend sind, zu beseitigen und dieser perversen Seele den Geist stiller Resignation und christlicher Demut einzupflanzen." Ich ermächtige Sie, alle Ihnen zur Verfügung stehenden Mittel einzusetzen, um dieses Ergebnis zu erzielen, und ich habe keinen Zweifel an ihrer Wirksamkeit."

Die letzten Worte wurden mit einem eigentümlichen Tonfall gesprochen, der den Charakter eines Befehls an die Äbtissin hatte, von dessen Bedeutung das arme Kind jedoch nicht die geringste Ahnung hatte. Die Äbtissin, die genau verstand, was von ihr erwartet wurde, machte ein stilles Zeichen ihrer Zustimmung, und die beiden Männer verabschiedeten sich, fest davon überzeugt, dass ihre Arbeit erfolgreich abgeschlossen worden war.

Marie wurde der üblichen Zelle zugewiesen und allein gelassen. Sie ging zuerst zum Gitterfenster. Es ging nur auf den Hof hinaus. Mit einem erbärmlichen Schluchzen warf sie sich auf die harte Couch. Ihre Tränen flossen, und sie gab ihrem Kummer in melancholischen Ausrufen Luft. Schließlich kniete sie vor dem Kruzifix nieder und schüttete ihr schmerzendes Herz in einem langen und innigen Gebet aus. Wieder suchte sie leise ihr Sofa auf. Sie konnte nun in Ruhe über die jüngsten Ereignisse nachdenken. Da sie nicht wusste, was auf sie zukam, war sie dennoch von der Hoffnung der Jugend erfüllt. Sie dachte an La Hire, den sie als ehrenwerten Ritter gekannt hatte. Das Bild des jungen Mannes fügte sich auch angenehm in ihre Gedanken an die Zukunft ein. Sie beschloss, noch einmal an La Hire zu schreiben. Er hätte sie nicht im Stich lassen können. Nachdem sie sich damit getröstet hatte, sank sie in einen sanften Schlaf. Armes Kind! Sie wusste nicht, dass ihre Briefe nicht in die Außenwelt gelangen konnten, ohne zuvor vom Vorgesetzten gelesen zu werden.

Eines Tages besuchten sie zwei Nonnen, die den Auftrag hatten, sie mit den Regeln des Ursulinenordens vertraut zu machen. Ihre Erklärung, sie wolle sie nicht kennen lernen, machte auf die Schwestern keinen Eindruck. Sie erfüllten ihre Pflicht und zogen sich dann zurück, um Bericht zu erstatten. Kurz darauf trat eine andere Schwester ein und forderte die Novizin auf, sich durch Gebete und Fasten auf das Gelübde vorzubereiten, das sie bald ablegen sollte.

„Was bedeutet diese Farce?" sagte Marie. „Ich bin kein Neuling. Ich werde Ihrer Bestellung nicht beitreten. Ich werde kein Gelübde ablegen."

„Unsere Wünsche sind innerhalb dieser Mauern nutzlos", antwortete die Schwester. „Wir müssen tun, was die Oberin, die Äbtissin und die Ordensregeln befehlen."

„Was geht mich das an? Ich bin keiner von euch."

„Du wirst gut daran tun, Schwester, dich dem Unvermeidlichen zu unterwerfen."

„Und was ist, wenn ich es nicht tue?"

„Dann werden sie dich zur Unterwerfung zwingen."

„Zwing mich, Marie von Chafleur ! Ich würde gerne hören, wie sie vorgehen, es zu tun."

„Das kann ich dir sagen, Schwester. Sie werden dich in deine Zelle sperren und dich halb verhungern lassen."

„Nun, ich würde lieber völlig verhungern, als das Gelübde abzulegen."

„Sie werden dich in ein düsteres Gefängnis stecken."

"Mach weiter."

„Sie werden täglich in dein Gefängnis kommen und dich gnadenlos bestrafen."

Marie schrie laut. Sie ballte ihre Fäuste. Ihre Lippen zitterten. „Frau", rief sie schließlich, „der Teufel hat dich geschickt, um mich in Versuchung zu führen!" Verlasse mich. Gehen Sie und melden Sie, dass ich lieber den Tod erleiden werde, als dass ich zustimmen werde."

„Ich muss zuerst tun, was mir befohlen wurde, Schwester." Daraufhin kniete die Nonne vor dem Kruzifix nieder und wiederholte laut die Gebete, die als Vorbereitung für das Gelübde vorgeschrieben waren. Als sie fertig war, zog sie sich zurück. Was sie gesagt hatte, bewahrheitete sich. Marie wurde zunächst in ihrer Zelle eingesperrt und bekam nur ein spärliches Stück Brot. Als dies erfolglos blieb, wurde sie ins Gefängnis gesteckt. Es waren ihre lauten Klagen, die Jean beim Beten in der Kirche St. Ursula gehört hatte, denn das Gefängnis war nur durch eine einzige Mauer von der Kirche getrennt.

Kapitel IV
Im Lager und Hof

Die Nachricht von der Belagerung der Stadt Orleans durch die Engländer erreichte endlich das Dorf Domremy . Niemand war tiefer davon betroffen als Joan, denn sie glaubte aufgrund dessen, was ihr Beichtvater den Dorfbewohnern erzählt hatte, dass mit dem Fall von Orleans die Sache des Königs verloren sein würde, dass es keine Hoffnung auf eine Aufhebung der Belagerung gab und dass die … Dann wäre das Elend des Vaterlandes vollkommen.

Kaum hatte Joan die Neuigkeit gehört, verließ sie auch schon das Dorf, um in einer ihrer liebsten Einsamkeiten über diese neue Situation nachzudenken. Sie war zu diesem Zeitpunkt etwa siebzehn Jahre alt, blühender und wunderschöner Gestalt, aber unverändert in Natur und Gewohnheiten. Sie sehnte sich danach, sich in Einsamkeit ihren Gedanken und Eindrücken hinzugeben, wie sie es früher getan hatte, als sie die Herden ihres Vaters hütete. Tief in ihrem Herzen spürte sie heute wie damals das Leid anderer und war von dem gleichen unwiderstehlichen Wunsch bewegt, ihnen zu helfen. Sie sehnte sich danach, sich vor ihren Heiligen niederzuwerfen, mit übernatürlichen Visionen in die Wolken zu blicken und ihre Gestalten zu sehen und ihre Stimmen zu hören, wie sie es früher getan hatte. Ihre Verbindung mit der spirituellen Welt war zu dieser Zeit so innig geworden, dass sie ihre Heiligen befragen und ihre sofortigen Antworten hören konnte. Der Feenbaum, unter dem sie die Vögel fütterte, die wundersame Quelle, an der die Kitze um sie herum tummelten, und die Kapelle an der Kreuzung in der Nähe des Eichenwaldes, in der sie die meisten ihrer Visionen hatte, waren ihre Lieblingsaufenthaltsorte. In dieser Kapelle kniete sie vor dem Bild der Heiligen Katharina, ohne sich der Außenwelt bewusst zu sein. Die Last ihres inbrünstigen Gebets galt den Bedürfnissen des Landes, der Rettung der Stadt Orleans und der Krönung des Königs.

„Oh, dass ich ein Mann wäre ! Oh, dass ich ein Kommandant wäre !" Sie seufzte. „Ich würde zur Rettung eilen. Vielleicht ist es nicht unmöglich. Fliegt der Wolf nicht vor mir, wenn meine Heiligen in der Nähe sind ? Kann ich nicht die Gestalt meiner Jungfrau im Gewand des Soldaten verstecken? Sind diese Gliedmaßen nicht stark genug, um eine Rüstung zu tragen? Was wäre, wenn die lieben Heiligen mich mit der Rettung des Vaterlandes beauftragen würden!"

In solche Gedanken und Sehnsüchte versunken, verlor sie sich in der Verbindung mit der himmlischen Welt und sah in einer Vision ihre Lieblingsheiligen in den leuchtenden Wolken.

„Warum zögerst du, Joan?“ sagten die Stimmen. „Städte und Dörfer werden jeden Tag zerstört. Täglich wird das Blut der Menschen vergossen. Entstehen! Führe den Beschluss des Himmels aus.“

„Aber“, sagte Joan, „wie kann ich wissen, dass es der Himmel ist, der mich sendet?“

„Die Zeichen Ihrer Mission werden nicht vergehen.“

„Und was ist meine Mission?“

„Um die Belagerung der Stadt Orleans aufzuheben und den König zu seiner Krönung in Reims zu führen.“

„Wie soll ich anfangen?“

„Gehen Sie zum König und bieten Sie sich ihm als Befehlshaber der Armee an.“

„An wen soll ich mich wenden, damit ich den König erreichen kann?“

„Geh zum Ritter Robert von Baudricourt . [16] Er wird dir helfen.“

Joan kehrte nach Hause zurück und blieb mehrere Tage damit beschäftigt, über die Mission nachzudenken, die ihr zugewiesen worden war. Sie schlich sich oft in ihre kleine Kammer und weinte bitterlich; Denn obwohl sie sich durch den himmlischen Beschluss erhöht fühlte, schien es ihr dennoch unmöglich, alle ihre Lieben heimlich zu Hause zu lassen – Vater, Mutter, Brüder und Schwester. Und doch musste sie heimlich gehen, denn ihr Vater würde ihre Absicht niemals gutheißen oder ihr zustimmen, und es bot sich kein anderer Weg an. Sie hatten sich so daran gewöhnt, sie in stille und einsame Meditationen versunken zu sehen, dass sie sich in solchen Momenten von ihr fernhielten. Es gab seit Jahren Gerüchte im Dorf, dass sie mit Geistern kommunizierte und Magie praktizierte . Wie sonst könnte ihre Beherrschung der wilden Tiere tatsächlich erklärt werden? Eine Ausnahme bildete jedoch ihr Bruder Pierre, der ihr treu ergeben war. Er quälte sie nie mit Verdächtigungen. Sie hatte keine Geheimnisse vor ihm, und sie kam jetzt in vollkommenem Vertrauen zu ihm und weinte an seiner Brust.

„Es ist nicht wahr, Pierre“, sagte sie und blickte mit ihren schönen, tränenreichen Augen zu ihm auf, „dass du mich genauso verspottest wie die anderen?“

„Wie kannst du so etwas von mir denken, kleine Schwester?“

„Oh, das glaube ich nicht, mein Bruder.“

„Und doch scheint Ihre Frage darauf hinzuweisen, dass Sie es tun.“

„Überhaupt nicht, Pierre. Ich weiß ganz genau, dass du mich liebst, aber du musst es mir immer wieder sagen. Ich weiß ganz genau, dass du mich nicht verspottest, aber selbst das befriedigt mich nicht. Ich muss die Gewissheit von Ihren eigenen Lippen haben."

„Ich weiß sehr gut, Joan, dass du bei deinen Heiligen beliebt bist, dass sie dir in den Wolken erscheinen und dass du mit ihnen sprichst, wie du mit uns sprichst."

"Ja; Du glaubst mir, wenn ich dir diese Dinge erzähle. Aber wenn ich es den anderen erzähle –"

„Oh, meine Schwester, sie kennen dich nicht so gut wie ich. Ich weiß, dass du niemals die Unwahrheit sprichst."

„Und doch müssen meine Handlungen jetzt betrügerisch sein. Ach! Pierre, das ist es, was mich beunruhigt."

„Aber denk daran, kleine Schwester, dass du den Himmlischen gehorchst, dass es das Vaterland ist, das dich ruft."

„Und es tut mir immer noch weh, mein Bruder. Ich gehe hier wie immer umher. Vater, Mutter und alle anderen denken, dass ich immer diesen Weg gehen werde, und ich lasse sie so denken und stärke diesen Glauben absichtlich, während ich mich darauf vorbereite, sie heimlich zu verlassen. Oh, Pierre, sie werden mir nie vergeben."

„Warum solltest du dich mit solchen Gedanken quälen, meine Schwester? Sie wissen, dass Sie diese Mission übernehmen müssen. Und das ist auch richtig, denn der Wille des Himmels ist dem menschlichen Willen überlegen. Glaubst du nicht, dass sie dir vergeben werden, wenn Vater und Mutter und die anderen hören, was der Himmel durch dich erreicht hat?"

„Deine Worte haben mir gut getan, mein Bruder", rief Joan, ihre klaren, strahlenden Augen strahlten vor Glück. „Ich wünschte, ich könnte dich immer an meiner Seite haben und deine Stimme hören! Wenn du in der Nähe wärst, würde ich niemanden fürchten, dem ich begegnen könnte."

„Ich werde mit dir gehen, meine Schwester."

„Nein, Pierre, das kannst du nicht."

"Und warum nicht?"

„Ist es nicht genug, dass ich unseren Eltern Kummer bereite? Würden Sie diesen Kummer noch verstärken, indem Sie auch heimlich weggehen?"

"Du hast Recht. Ich sollte nicht gehen. Sie gehorchen dem Beschluss des Himmels, aber ich kann diesen Appell nicht vorbringen. Aber ich kenne jemanden , der dich begleiten könnte."

"WHO?"

„Onkel Laxart . Er liebt dich auch und wird niemanden um Erlaubnis bitten müssen ."

„Aber wird er gehen?"

„Ich werde mit ihm darüber sprechen."

Am nächsten Tag (im Jahr 1429) – es war der Tag der Heiligen Drei Könige – durchquerte Johanna das schneebedeckte Tal zum Feenbaum, streute wie üblich Krümel für die Vögel und lauschte ihren dankbaren Liedern. Bald darauf versunken sie in tiefe Träumereien in der Kapelle an der Straßenkreuzung, und in diesem Zustand erblickten ihre entzückten Augen ihre Heiligen Katharina und Margarete in den Wolken.

„Die Stunde ist gekommen, Joan", hörte sie sie sagen. "Entstehen! die Königin des Himmels wird bei dir sein."

„Aber ich muss ganz alleine gehen", antwortete sie. „Sie werden mich eine Abenteurerin nennen."

"Nicht so! Dein Beschützer steht bereits vor der Tür."

Als Joan aufstand, sah sie einen Mann, der sich der Kapelle näherte. Mit freudiger Überraschung erkannte sie ihren Onkel Duram Laxart .

„Ich weiß alles, Joan", rief er aus. „Ich bin bereit, Sie zu begleiten, sobald Sie meinen Schutz benötigen. Ich war bereits in Vaucouleurs und habe den Ritter Baudricourt gesehen . Beginnen Sie, sobald Sie sich fertig machen können. Wir werden bei Wagner übernachten, den Sie kennen."

Bevor das erstaunte Mädchen antworten konnte, machte sich ihr Onkel auf den Weg nach Vaucouleurs .

Endlich war die Zeit zum Aufbruch gekommen. Tief erregt stand sie an der Tür der Kapelle und blickte noch einmal mit tränenreichen Augen über das Tal hinaus. Noch einmal verweilte ihr Blick bei der wundersamen Quelle, dem Feenbaum und ihrem Zuhause in Domremy , und ihre Seele war erfüllt von zärtlichen und heiligen Assoziationen.

„Lebe wohl, oh Wunderbaum, wo ich so viele glückliche Stunden verbracht habe", sagte sie zwischen ihren Schluchzern. „Und ihr, kleine Vögel, lebe wohl! Ach! Joan kann dich nie wieder füttern. Vergebens wirst du auf sie warten. Lebe wohl, lieber Frühling, dessen Musik ich in meinen glücklichen Träumen so oft gehört habe. Sag dem Reh, dass ich nicht noch einmal mit ihnen spielen kann. Lebt wohl, geliebte Täler und Felder! Wie glücklich war ich, als ich hier mit den Weggefährten meiner Kindheit spielte! Ach! Ich werde dich nie wieder sehen! Leb wohl, mein Vater! Meine geliebte Mutter, lebe wohl! Und du, mein Pierre, mein guter, lieber Bruder. Oh, wie schwer ist es, dich zu verlassen! Ach! Nie wieder werde ich in deine wahren Augen schauen, nie wieder Worte der Liebe und des Mitgefühls von deinen Lippen hören. Lebe wohl alle, alle lebe wohl! Trauere nicht, dass ich dich verlasse. Sei nicht böse. Es kann nicht anders sein. NEIN! es muss so sein, denn der Himmel hat es beschlossen, und das Vaterland hat mich berufen. Weg, Joan, weg! Der Kampf ist nah."

Niemand hätte in diesem Moment das einfache Bauernmädchen sehen können, dessen Augen leuchteten, während die Tränen auf ihren Wimpern glitzerten, niemand hätte erkennen können, wie stark ihr Wille darin war, alles aufzugeben, was ihre Seele mit Kummer erfüllt hatte, als sie daran dachte, sie zu verlassen , niemand hätte ihr zusehen können, wie sie wie ein der Gefahr trotzender Soldat das Tal hinunterging, ohne überzeugt zu sein, dass es sich um ein Ereignis von höchster Bedeutung für Frankreich handelte.

Joan fand ihren Onkel im Haus Wagners in Vaucouleurs . Er hatte Baudricourt bereits aufgesucht , wurde aber mit der Anweisung weggeschickt, seine dumme Nichte zurechtzuweisen und sie zu ihren Eltern zurückzubringen. Obwohl Joan nicht im Geringsten entmutigt war, verbrachte sie die Nacht im Gebet und ging am Morgen zu Baudricourt . Sie fand ihn in Begleitung von Jean de Nouillemport de Metz. Beide lachten, als sie die Natur ihres Auftrages erfuhren, aber sie sprach mit so aufrichtiger Überzeugung von ihren himmlischen Visionen, dass Baudricourt sie schließlich mit dem Versprechen entließ, die Angelegenheit ernsthaft zu prüfen. Als Johanna anschließend in der Kirche betete und die Menschen in Scharen kamen, um „die Heilige" zu sehen, kam ein Priester mit einem Kruzifix auf sie zu, um zu sehen, ob sie vom Teufel besessen sei. Joan fiel auf die Knie und küsste das heilige Symbol, und der Priester erklärte: „Sie mag verrückt sein, aber sie ist nicht besessen." Auf dem Weg aus der Kirche begegnete sie dem Ritter Nouillemport de Metz, an den sie sich mit folgenden Worten wandte: „Ach! Niemand wird mir glauben, und doch kann Frankreich nur durch mich gerettet werden." Die Worte erinnerten ihn an die Prophezeiung von Merlin. Nachdem er sie genauer beobachtet und ihre spirituelle Reinheit und ihre entschlossene Zielstrebigkeit erkannt hatte, brachte er seine Bereitschaft zum Ausdruck, sie zum Dauphin zu bringen, und es fiel ihm kaum schwer, Baudricourt davon zu überzeugen, sich ihm anzuschließen . Ein paar Tage später war Joan erfreut, sich mit den Rittern und ihren bewaffneten Männern auf dem Weg nach Chinon wiederzufinden . In ihrem Kostüm sah sie eher wie ein schlanker, gutaussehender Page als wie ein Soldat aus. Chinon war mehr als 150 Meilen entfernt, und auf der Hälfte dieser Entfernung war das Land von den Engländern besetzt. Daher waren sie gezwungen, weite Umwege zu machen und häufig in den Wäldern und an Furten anzuhalten. Nach einem vierzehntägigen Marsch erreichten sie die Stadt Gien [17] an der Loire. Die Nachricht verbreitete sich wie ein Lauffeuer, dass die Jungfrau, die laut Merlins Prophezeiung Frankreich retten sollte, gekommen sei, und alle beeilten sich, ihr einen begeisterten Empfang zu bereiten.

Nachdem sie Gien verlassen hatten , bestand kaum noch Gefahr, und schließlich erreichten sie sicher Chinon und übernachteten in einem Gasthaus. Hier wie in Gien verbreitete sich die Nachricht von Joans Ankunft schnell und zog eine große Menschenmenge an. Um die allgemeine Neugier zu befriedigen, erschien sie auf dem Balkon und wurde mit begeisterten Zurufen begrüßt. Ihre ritterlichen Gefährten warteten sofort auf den Dauphin; Sie fanden ihn jedoch sehr entmutigt und in einer verzweifelten Stimmung vor, als sie erfuhren, dass der Engländer John Falstaff die Franzosen zurückgeschlagen hatte, die ihn daran hindern wollten, seinen Landsleuten vor Orleans Heringsvorräte zu liefern. Die Enttäuschung des Dauphins über die Niederlage am „ Tag des Herings " wäre jedoch nur von kurzer Dauer gewesen, wenn er nicht gleichzeitig von einer Katastrophe heimgesucht worden wäre, die ihm noch schlimmer erschien, nämlich seinem völligen Geldmangel und der daraus resultierenden Leere seine Küche und sein Keller. In solch einer Stimmung fanden ihn Joans Gefährten. Zunächst hörte er ihnen gleichgültig und mit einem verächtlichen Lächeln zu, doch als sie ihm erzählten, dass das Volk die Jungfrau als Heilige erkannt und sie als Retterin Frankreichs willkommen geheißen hatte, kam ihm der Gedanke, dass sie möglicherweise dazu beitragen könnte, seinen notleidenden Zustand zu lindern . Schließlich ordnete er ihre Aufnahme an. Um die ihr zugeschriebene prophetische Gabe zu testen, empfing er sie inmitten der Adligen seines Hofes, während eine andere Person auf dem Thron saß.

Joan erkannte ihn jedoch sofort, ging auf ihn zu, kniete nieder und begrüßte ihn mit den Worten: „Gott schenke dir ein langes und glückliches Leben, Dauphin." [18]

„Sie irren sich", antwortete er. „Dort ist der König" und zeigt auf die Person auf dem Thron.

„Edler Prinz", antwortete sie, „du kannst mich nicht täuschen. Du bist der Dauphin." Ein erstauntes Murmeln ging durch den Saal.

alleine sein können, werde ich Ihnen etwas sagen, das alle Zweifel an meiner Mission beseitigen wird." [19]

Der Dauphin führte sie zum angrenzenden Oratorium, und dort offenbarte sie ihm der Überlieferung nach Dinge, von denen er sicher war, dass niemand außer Gott und ihm selbst etwas wissen konnte. Er war sich dessen so sicher, dass er am Ende des Interviews ausrief: „Ich bin von Ihrem göttlichen Auftrag überzeugt, aber auch meine Ratsmitglieder müssen überzeugt sein."

„Sehr gut, Sire", antwortete sie. „Rufen Sie die drei Gelehrtesten und Erfahrensten herbei, damit sie mich morgen früh treffen, und ich werde ihnen ein Zeichen geben." Ihr Wunsch wurde erfüllt. Die drei Auserwählten waren der Erzbischof von Reims, Karl von Bourbon und De la Tremouille , der Minister des Königs . Zuerst verlangten sie von ihr, ihre Geschichte preiszugeben, und dann verlangten sie das Schild. Joan ging zurück zum Oratorium. Dann erschienen der Überlieferung nach die Himmlischen und mit ihnen ein Engel in langem weißen Gewand. Letzterer trug eine glänzende Krone und betrat langsam den Audienzsaal.

„Herr", sagte der Engel, „vertraue dieser Jungfrau, die der Himmel zu dir sendet." Gib ihr auf einmal so viele Soldaten, wie du aufstellen kannst. Als Zeichen dafür, dass Sie in Reims gekrönt werden, sendet Ihnen der Himmel dieses Zeichen." Daraufhin überreichte der Engel dem Erzbischof die Krone , ging hinaus, wie er eingetreten war, und verschwand durch die Decke des Oratoriums. So heißt es in der Tradition.

die drei Stadträte noch nicht ganz zufrieden. Sie schlugen vor, dass Joan von den gelehrten Theologen der Universität Poitiers untersucht werden sollte. [20] Als sie sie auch um ein Zeichen baten, antwortete sie: „Gib mir Soldaten, und du wirst Zeichen genug haben." Sie berichteten schließlich, dass sie vertrauenswürdig sei und dass der König ihre Dienste annehmen sollte. Der Rat des Dauphin beschloss umgehend, so viele Truppen wie möglich aufzustellen, der Jungfrau das Kommando über sie zu übertragen und sie mit einem Nachschubkonvoi nach Orleans zu schicken. In diesen wenigen Tagen hatte sich die Stimmung in der Bevölkerung rasch verändert, und an die Stelle von Entmutigung und Meinungsverschiedenheit traten fröhliche Selbstaufopferung und enthusiastischer Tatendrang. Ritter und ihre Waffenknechte boten ihre Dienste an und wohlhabende Bürger opferten ihre Schätze für die Sache des Landes. Auch der Dauphin war endlich in heiterer Stimmung, denn seine Schatzkammer füllte sich und er konnte wieder Freude am Leben haben. Er war nun auch in der Lage, der Jungfrau zu Diensten zu sein. Er überreichte ihr die Uniform eines Generals : einen Reiter, zwei Pagen, zwei Herolde und einen Kaplan.

Ungefähr zu dieser Zeit kehrte der Herzog von Alençon [21] aus der englischen Gefangenschaft zurück. Mit großer Freude bemerkte er, dass alle darauf brannten, der Jungfrau in die Schlacht zu folgen. Er verpfändete sofort sein Eigentum, kaufte Kriegsausrüstung und übernahm die Aufgabe, den Nachschubkonvoi vorzubereiten. Joan wurde von seiner Frau, die nach Blois gekommen war, wo die Vorbereitungen liefen, herzlich willkommen geheißen.

Als Abreisetag wurde der 26. April 1429 festgelegt. Zuvor hatte Joan ihrem Herold Guienne einen Brief an den Herzog von Bedford geschickt [22], den sie ihrem Kaplan diktiert hatte. Es lief so:

„[Jesus, Maria]

„König von England, erstatte der Königin des Himmels Rechenschaft über das Blut, das du vergossen hast. Übergebe der Jungfrau die Schlüssel aller guten Städte, die du erobert hast. Sie bietet Ihnen Frieden im Namen Gottes an, wenn Sie Wiedergutmachung leisten und ehrlich zurückgeben, was Sie genommen haben. Wenn Sie dies nicht tun, wird sie Ihre Truppen überall angreifen und aus dem Land vertreiben. Und Sie, Bogenschützen und Soldaten vor Orleans, kehren Sie ruhig in Ihr eigenes Land zurück oder schützen Sie sich vor der Jungfrau. Der Sohn der Heiligen Maria hat Ihnen Frankreich nicht geschenkt, sondern dem wahren Erben, König Karl, der in guter Gesellschaft nach Paris einziehen wird. Sie werden sehen, wer das bessere Recht hat, Gott oder Sie, De la Pole, Graf von Suffolk, Talbot und Thomas, die das Feld für den Herzog von Bedford übernommen haben, der sogenannte Regent des Königreichs Frankreich für den König von England. Wenn Sie die Stadt Orleans nicht friedlich verlassen, Herzog von Bedford, werden Sie die Franzosen dazu zwingen, die glorreichste Tat zu vollbringen, die die Christenheit je erlebt hat.

„Geschrieben am Dienstag in der Karwoche."

Dieser Brief wurde jedoch nie beantwortet. Der Herold kam nicht zurück.

Am festgesetzten Tag brach die Expedition von Blois aus auf. An ihrer Spitze stand eine Prozession von Priestern, die Hymnen sangen, wobei Johannas Kaplan sie mit seinem Banner anführte. Als nächstes folgten die Anführer Duc d'Alençon , Marschall de Retz, Admiral de Coulent , De la Maison, Laval, Potou de Saintrailles , Graf Dunois und La Hire, in deren Gefolge sich Jean Renault befand. Dann kamen zweihundert Reiter, und ein langer, mit Vorräten beladener Wagenzug bildete die Nachhut. Johanna in voller Rüstung, mit einem glänzenden Helm, der ihre kurzgeschnittenen Locken bedeckte, und einem Schwert, dessen Griff und Scheide mit Lilien verziert waren, ritt zwischen den Anführern. Auf einer Seite ihres Banners, das dicht mit Lilien bestreut war, war ein Bild des Erlösers mit der Kugel in seiner Hand und einem Engel auf beiden Seiten von ihm zu sehen; auf der anderen Seite die Inschrift „Jesus, Maria". [23] Ihr Auftreten war ernst und würdevoll, heitere Zuversicht strahlte in ihren strahlenden Augen. Ihr einziges Bedauern waren die Obszönitäten der Soldaten und La Hires lautes Gebet jeden

Morgen und Abend: „Lieber Gott! Tue für La Hire, was er für Dich tun würde, wenn er der liebe Gott wäre und Du La Hire wärst."

Am dritten Tag waren sie vor Orleans, aber die Stadt lag auf der anderen Seite der Loire und es gab keine Brücke. Sie besetzten eine Schanze auf ihrer Seite des Flusses, die die Engländer verlassen hatten, weil sie für sie keinen Nutzen hatte. Zu diesem Zeitpunkt kam ihnen der Bastard von Orleans, [24] Kommandant der Stadt, in einem Lastkahn entgegen. Auf seinen Rat hin gingen sie zwei Meilen weiter flussaufwärts und machten in der Nähe von Schloss Chécy Halt , wo sie eine französische Garnison vorfanden. Graf Dunois erklärte sich bereit, eine Flotte zum Transport der Vorräte zu schicken, doch um drei Uhr nachmittags war diese noch nicht eingetroffen. Der Himmel war bedeckt, in der Ferne grollte der Donner, und die Wellen der Loire wurden von heftigen Winden gepeitscht. Der Mut der Soldaten geriet ins Wanken.

„Wenn dieser Sturm nachlässt", sagte der Herzog von Alençon , „werden die englischen Schiffe hier sein und nicht unsere, und dann werden alle verloren sein."

„Ah, du vergisst", sagte die Jungfrau, „dass ich dir im Namen Gottes versprochen habe, dass wir erfolgreich nach Orleans einziehen würden."

"Hm! „Es sieht nicht so aus, als könnten Sie Ihr Versprechen halten", antwortete der Herzog .

„Haben Sie ein wenig Geduld", sagte Joan, während sie den Himmel genau betrachtete. „Bevor eine Viertelstunde vergeht, wird der Wind wechseln." Sie zog sich ein wenig zurück, um zu beten, aber kaum hatte sie sich niedergekniet, als ein günstiger Wind aufkam und die vom Sturm aufgehaltenen Schiffe eintrafen.

„Was hältst du davon, Jean?" sagte La Hire, als sie begannen, die Vorräte einzuladen.

„Ich denke, edler Herr", antwortete der Jüngling, „dass die Jungfrau in ihrem Hirtenleben reichlich Gelegenheit hatte, Wind und Wetter zu beobachten, und daher in der Lage ist, Veränderungen wie diese vorherzusagen."

"Oho! Dann ist sie eine Betrügerin!"

„Warum so, edler Herr?"

"Verstehst du nicht? Lässt sie die Menschen nicht glauben, dass sich der Wind als Antwort auf ihre Gebete ändert?"

„Oh nein, ganz bestimmt nicht. Wegen des Windes betet sie nicht. Sie betet, weil das Gebet für sie eine Notwendigkeit ist, wegen der treibenden Kräfte ihrer Natur und weil sie sich glücklich fühlt, mit dem Himmel zu kommunizieren. Ihr besonderes Gebet gilt der Kraft und Hilfe aus der Höhe für ihr großes Werk, das in dieser Stunde beginnt.“

"Hm! Aber sie täuscht damit trotzdem die Menge.“

„Sie tut nur das, was sie tun muss. Wäscht sich die Sonne jeden Abend im Meer, nur weil die Menschen glauben, dass sie es tut?“

kritisiere dich nicht , mein junger Freund, aber in einem Moment leugnest du das Übernatürliche in den Manifestationen der Jungfrau, und im nächsten lobst du sie bis in den Himmel.“

„Was sind überhaupt Wunder, edler Herr? Was die blinde Menge als Wunder ansieht, löst sich für den nachdenklichen Menschen leicht in Harmonie mit der Natur auf, und was die Menge vorbeigeht, ohne es überhaupt zu beobachten, ist für den intelligenten Denker ein Wunder.“

„Erklären Sie sich klarer.“

„Was den ersten Punkt betrifft, ist die Jungfrau selbst ein ausreichendes Beispiel. Erkennen diese Menschen in diesem Windwechsel nicht ein Wunder, während Sie darin überhaupt nichts Außergewöhnliches sehen? Zum anderen Punkt gibt es tausend Beispiele. Der Himmel mit seinen Sternen, die Blumen auf dem Feld, der Wurm im Staub – all das sind Wunder der Schöpfung, die die Menge kaum bemerkt, die aber für den aufmerksamen Denker wunderbar sind.“

„Und dieses Mädchen?“

„Sie ist in zweierlei Hinsicht ein Wunder, und darin liegt ihre außergewöhnliche Kraft. Man glaubt, dass sie eine Prophetin ist, die eine direkte Verbindung zum Himmel hat. Die Menschen betrachten sie aufgrund ihrer Reinheit des Herzens, ihres himmlischen Vertrauens, ihres unbefleckten Patriotismus und ihrer spirituellen Erleuchtung als ein wahrhaft göttliches Wunder. In der Tat, edler Herr, die Jungfrau ist ein wunderbares Geschenk des Himmels an das betroffene Frankreich.“

„Dann glauben Sie auch an ihren Erfolg, abgesehen von ihrem göttlichen Auftrag?“

„Ich bestreite ihren göttlichen Auftrag nicht. Sie führt sie aus, weil die göttliche Stimme in ihrem eigenen Herzen ihr diese Pflicht auferlegt hat. Glaube ich an ihren Erfolg? Schauen Sie sich diese Leute an! Wie sind ihre Augen auf dieses Mädchen gerichtet! Auf ihren Befehl „Vorwärts“ hin stürzten sie sich in die Loire und folgten ihr, im Glauben, dass ihr Wasser sie tragen würde. Wollen Sie nicht selbst, edler Herr, obwohl Sie nicht an ihren göttlichen Auftrag glauben, gerne Ihr Schwert ziehen, wenn das Lilienbanner vor Ihnen weht? Wenn der Geist, den Joan in unserer kleinen Truppe geweckt hat, ganz Frankreich belebt, wie können wir dann anders vorgehen, als Erfolg zu erwarten?"

„Du hast recht, mein junger Freund", sagte La Hire und streckte seine Hand aus. „Ich danke deinem tapferen Vater in seinem Grab für die Ausbildung, die er dir gegeben hat. Ja, ja, es muss so sein – wenn religiöse oder politische Begeisterung ein Volk antreibt, sind immer große Ergebnisse die Folge. In diesem Fall handelt es sich um eine gemeinsame Begeisterung. Der Sieg wird unser sein, und wir werden der Jungfrau dafür danken. Ich werde sie nicht noch einmal mit meinen Gebeten betrüben. Wenn es Gebetszeit ist, gehe ich so weit weg, dass sie mich nicht hören kann. Aber noch etwas, Jean. Hast du etwas über Marie gehört?"

"Ach! Edler Herr, das habe ich nicht. Wie Sie wissen, habe ich nicht aufgehört, Nachforschungen anzustellen, aber wie in Ihrem Fall haben mich die Kriegswirren daran gehindert, an persönliche Informationen zu gelangen."

"Ja Ja ich weiss. Ich kann Ihnen nicht sagen, wie sehr mich die Situation dieses armen Kindes beunruhigt. Ich habe von Woche zu Woche auf die Gelegenheit gewartet, ein paar Worte an diesen Herrn von Luxemburg und seinen Bischof zu richten" – und sein Griff um sein Schwert zeigte an, was für Worte er im Sinn hatte. „Aber hoffen wir", fuhr er fort, „dass die Jungfrau, der wir dienen, den Weg für Maries Freilassung ebnen kann." Zuerst müssen wir die Engländer zum Teufel schicken. Danach wird mich nichts mehr daran hindern, Marie zu finden, und" – er warf Jean einen bedeutungsvollen Blick zu – „ ich weiß, wer mir beistehen wird."

„Bis ans Ende der Welt, edler Herr", rief der Junge und seine blitzenden Augen zeigten, dass die Worte aus seinem Herzen kamen.

„Gut, gut, da bin ich mir sicher; aber es ist Zeit, dass wir gehen." Er zeigte auf das letzte Schiff, das für die Truppen bereitgehalten wurde. Bald erreichten sie die Linie der englischen Verschanzungen, die sich rund um die Stadt erstreckten.

„Nun", knurrte La Hire, „diese englischen Herren zeigen sich nicht gerne, und doch wäre es leicht, diese Nussschalen zu brechen." Ich frage mich, ob sie weggelaufen sind."

„Sie sind da und können uns sehen", sagte Jean. „Sie liegen hinter den Mauern, aber sie haben keine Kampfmittel, die sie gegen uns einsetzen könnten."

Es stellte sich heraus, wie Jean sagte. Die Engländer unternahmen keinen Angriff und die kleine Flottille erreichte die Stadt unversehrt. Die Begeisterung war grenzenlos, als die Jungfrau mit ihrem Banner vor den

Toren erschien. Das Volk hätte sie auf dem Arm getragen, wenn ihnen nicht der Stadtkommandant zuvorgekommen wäre, indem er ein Pferd für sie bereitgehalten hätte. Sie bestieg ihr Pferd und ritt triumphierend zur Kathedrale, wo ein *Te Deum* gesungen wurde, das erste, das seit langem innerhalb seiner Mauern gehört wurde. Dann wurde sie zum Haus von Jacques Boucher, dem Schatzmeister des Herzogs von Orleans, begleitet, wo sie übernachten sollte. Nun legte sie zum ersten Mal ihre Rüstung ab, trank einen Becher mit Wasser verdünnten Wein und zog sich dann mit der Frau und den Töchtern ihres Gastgebers in ihre Kammer zurück. Bis tief in die Nacht herrschte reges Treiben auf den Straßen. Alle Ängste verschwanden an jenem 29. April 1429. Eine alte Chronik berichtet, dass die Menschen und Soldaten glaubten, ein Engel sei vom Himmel zu ihnen herabgekommen. In dem Maße, in dem ihre Verzweiflung verflogen war und freudiger Begeisterung Platz gemacht hatte, schwand auch der Mut im englischen Lager. Die meisten dieser tapferen Soldaten, insbesondere die Speerkämpfer und Bogenschützen, glaubten, die Jungfrau sei entweder eine Botin vom Himmel oder aus der Hölle, entweder eine Heilige oder ein mächtiger Zauberer. Ihre Anführer schimpften erbittert gegen den Dauphin, weil er unritterliche Waffen, Waffen der Hölle, einsetzte.

Am nächsten Tag drängte Joan auf einen sofortigen Angriff, aber bei einem Rat der erfahrensten Anführer wurde beschlossen, zumindest auf die Ankunft des nächsten Truppenkontingents aus Blois zu warten. Sie glaubten nicht ganz an Johannas göttlichen Auftrag, hielten es jedoch für das Beste, die Begeisterung der Bevölkerung auszunutzen, die sie geweckt hatte. Graf Dunois kehrte nach Blois zurück, um die Verstärkung voranzutreiben, und am vierten Tag war sein Banner am linken Ufer der Loire zu sehen. Sein Weg führte direkt am englischen Lager vorbei. Joan konnte nicht länger untätig bleiben. „Wir müssen hinausgehen und sie treffen und einholen", rief sie, bestieg gleichzeitig ihr Ross, ergriff ihre kleine Streitaxt und ihr Banner und ritt zum Tor. Die Ritter schüttelten den Kopf. Niemand hatte Lust, sich direkt in den Rachen des Löwen zu stürzen, denn es schien nicht möglich, dass jemand zurückkommen würde, wenn die Engländer herauskamen und sie angriffen.

„Nun", rief La Hire, „soll niemand sagen, dass La Hire an Mut von einer Frau übertroffen wurde." Vorwärts", befahl er, galoppierte der Jungfrau hinterher und wurde von seiner kleinen Truppe verfolgt. Graf Dunois war in einiger Entfernung stehen geblieben und wartete offenbar auf Hilfe von der Stadt. Sobald er die Banner der Maiden und La Hire sah , rückte er entlang der ersten Verschanzungslinie vor. Die beiden Streitkräfte trafen bald aufeinander und rückten an der äußersten Front des englischen Lagers in Richtung Stadt vor, aber die Angst der Engländer vor der Jungfrau war so groß, dass sich keiner von ihnen hinauswagte. Niemand hat auch nur eine

Rakete geschleudert. Sie sahen schweigend zu, wie die kleine Gruppe ihre Linien passierte und sicher die Stadt erreichte. Da weitere Verstärkungen unterwegs waren, wurde am folgenden Tag beschlossen, Fort Saint Loup anzugreifen.

Frühmorgens, während Joan, erschöpft von den Strapazen des Vortages, noch schlief, machten einige der Kapitäne mit ihren Truppen einen Ausfall und starteten einen wütenden Angriff auf die Festung. Die Engländer, die nur ihre üblichen Angreifer sahen, fielen über sie her und schlugen sie nach einem harten Kampf zurück. In diesem Augenblick ritt die Jungfrau mit ihrem Lilienbanner zum burgundischen Tor. "Halt!" rief sie den Flüchtlingen zu. „Schau, die Jungfrau, die Gott zu dir gesandt hat, ist hier. Folge mir zum Sieg." Sofort stürzte sie sich mitten ins Schlachtgetümmel. Ihre Anwesenheit wirkte auf beiden Seiten wie Magie. Die Franzosen folgten ihr stürmisch, Daulon , der Reitermeister, La Hire und zwei weitere Ritter, die den ersten Angriff anführten. Die Engländer schwankten.

„Warum zögerst du?" rief Guerard, ihr Anführer. „Schande und Verwirrung für jeden , der dieses Landmädchen fürchtet! Treibe sie zurück in ihr Dorf und zu den Kühen ihres Vaters."

Sein Appell blieb unbeachtet. Die Soldaten standen einen Moment lang da und starrten auf das Banner in der Hand der „Hexe" und stürmten dann, als hätten sie einen Befehl gegeben, in Panik auf die schützenden Mauern der Festung zu. „Auf, meine Tapferen, vorwärts zur Schlacht und zum Sieg", rief Joan, während sie wütend den Flüchtlingen nachgaloppierte.

„Jetzt, Soldaten Frankreichs!" sagte La Hire: „Sie leistet mehr als ihren Teil. Auf, meine Kinder! Sollen wir diesen Mutigen die ganze Arbeit allein machen lassen?" Er gab seinem Ross die Sporen, aber sein schweres Schlachtpferd konnte den leichten Renner der Jungfrau nicht überholen. Im nächsten Augenblick flog ein einzelner Ritter aus La Hires Truppe hinter ihr her, und wenige Sekunden später wedelte sein Schwert an ihrer Seite. Es war Jean Renault. Eine Begeisterung, wie er sie noch nie zuvor gespürt hatte, hatte ihn erfasst. Er war sich jeglicher Gefahr nicht bewusst. Kaum hatte der letzte Engländer das Festungstor durchschritten, stürmten auch die Jungfrau und Jean hindurch. Die erstaunten englischen Soldaten sahen das Lilienbanner in ihrer Mitte. Bevor sie sich von der tödlichen Angst erholt hatten, die es auslöste, flog es an der Wand. Die Franzosen strömten durch das Tor und der Sieg war bald vollendet. Diejenigen, die sich widersetzten, wurden niedergemetzelt, der Rest wurde gefangen genommen. Einige der Flüchtlinge waren zum Turm der Kirche innerhalb der Mauern geflohen, aber diese Unglücklichen wurden entweder auf den Stufen getötet oder stürzten sich aus den Fenstern. Ein glücklicherer Überrest kam aus der Sakristei, wo sie sich in die Gewänder der Priester gekleidet hatten. Diese wurden mit Spott und Gelächter begrüßt, als sie die Jungfrau anflehten, gefangen genommen zu werden. Unter dem Glockengeläut und den Triumphrufen des Volkes betrat die Jungfrau an der Spitze ihrer Soldaten die Stadt.

Drei Tage später – ein Festtag dazwischen – beschlossen die Anführer, eine Finte auf dem rechten Ufer durchzuführen und einen Angriff auf das linke zu decken. Da Orleans am rechten Ufer der Loire liegt, hielt der Stadtkommandant eine große Anzahl von Booten für die Überfahrt bereit. In der Mitte des Baches, aber etwas näher am linken Ufer, liegt eine Insel, die die Engländer nicht besetzt hatten. Die Franzosen landeten auf dieser Insel, Joan und La Hire mit seiner Truppe an der Spitze. Die Boote wurden aneinander befestigt und bildeten so eine Brücke zum linken Ufer, über die sie zum Angriff auf die erste Festung, Le Blanc, vordrangen. Für die Engländer wäre es ein Leichtes gewesen, die Durchfahrt zu stoppen, aber sie haben es nicht versucht. Nachdem sie Fort Le Blanc in Brand gesteckt hatten , fielen sie auf Fort Saint Augustine zurück.

Joan folgte ihnen und stellte ihr Banner in einer halben Pfeilschussentfernung von der Mauer auf. Plötzlich ertönte ein Ruf: „Die Engländer kommen aus Fort St. Rivi .“ Die kleine Truppe zog sich an die Loire zurück, alle bis auf fünfzehn, darunter La Hire und Jean. Diese zogen sich ein wenig zurück, um sich nicht unnötig dem Angriff des Feindes auszusetzen, als die Engländer ihren Mut zusammennahmen und sie unter lautem Geschrei angriffen.

„Folge mir“, rief Joan, schwenkte ihr Banner und rückte auf die Engländer zu. Die Fünfzehn zögerten nicht, so voreilig das Unterfangen auch schien. Sie drängten vorwärts und bahnten sich einen Weg. Als diejenigen, die sich zum Fluss zurückgezogen hatten, dies sahen, kamen sie ihnen zu Hilfe, und in wenigen Minuten wurden die Engländer in die Festung zurückgedrängt. Joan stürmte weiter, bis sie die Palisaden erreichte, stürmte durch eine Bresche, die Daulon geschlagen hatte, und befestigte ihr Banner an der Mauer. Die Franzosen rückten schnell vor, eroberten die Festung und brannten sie nieder. Man kann sich gut vorstellen, dass dieser neue Sieg in der Stadt mit Freude gefeiert wurde. Die Glocken läuteten erneut, als die Soldaten eintraten, aber ihr Empfang war ruhig im Vergleich zu der begeisterten Huldigung, die der Jungfrau auf dem Weg zu ihrer Unterkunft entgegengebracht wurde.

Obwohl Joan während der Schlacht am Fuß verletzt wurde und eine unruhige Nacht verbrachte, saß sie am frühen Morgen wieder zu Pferd. Sie ritt mit einer kleinen Schar zum Burgundischen Tor und befahl, es zu öffnen. Der Hüter wollte nicht gehorchen und sagte, dass die Anführer beschlossen hätten, an diesem Tag keinen Kampf zu führen, und angeordnet hätten, das Tor geschlossen zu halten. Als Joan darauf bestand, entstand ein Tumult. Das Volk forderte die Öffnung und öffnete es schließlich mit Gewalt. Unter freudigem Beifall folgte die Menge ihrem inspirierten Anführer zum Fluss. Die Boote, die am Vortag benutzt worden waren, lagen dort und dienten diesmal dazu, sie überzusetzen. Joan hielt ihr Pferd am Zaum und ließ es hinter sich herschwimmen, und so war das linke Ufer erreicht. Mit einem Freudenschrei begrüßten die Franzosen, die das eroberte Fort besetzt hatten, das Lilienbanner. Sie kamen ihr entgegen, und Joan stellte sich an ihre Spitze. „Vorwärts, meine Tapferen", rief sie. „Der Sieg heute wird auch unser sein." Ein begeisterter Ruf war die Antwort, als sie ungestüm zum Angriff auf Fort Tournelles stürmten .

Dieses Fort, das stärkste Bollwerk der Engländer, lag nahe am Fluss und war nur über eine Zugbrücke erreichbar. Auf der Landseite war es von einer hohen Mauer umgeben, die man überwinden musste, bevor man das Kastell selbst erreichte. Seine Garnison war die Blüte der englischen Krieger, angeführt vom erfahrenen Glasdale . Ein Angriff einer bloßen Handvoll Truppen ohne Kampfmittel oder Angriffsgeräte erschien den Engländern als der Gipfel des Wahnsinns.

In der Zwischenzeit nahm die Zahl der Angreifer ständig zu, denn als die Führer in Orleans den mutigen Vorstoß der Jungfrau sahen, wurde ihnen klar, dass sie sie unterstützen mussten. Nacheinander erschienen La Hire, Dunois, der Bastard von Orleans, De Retz, Gaucourt , Gamache, Graville , Tintey , Villars , Chailly , Couraze , D'Illiers , Thermes , Gontaut , Eulant , Saintrailles und andere auf der Bühne. Um zehn Uhr war der Angriff allgemein. Die Franzosen warfen lange Speere. Die Engländer schwangen bleierne Streitkolben und eiserne Streitäxte und warfen Balken, Steine, kochendes Öl und geschmolzenes Blei auf die Köpfe der Angreifer. Nach drei Stunden erbitterter Kämpfe fielen die Franzosen zurück.

„Mut", rief Joan, deren Banner immer vorne war. „Mut in Gottes Namen. Der Sieg gehört uns." Sie eilte zu einer Leiter und stieg hinauf. "Aufgeben!" Sie rief den Engländern zu: „Oder ihr werdet massakriert." Die Antwort war ein Pfeil, der ihre Schulter durchbohrte, sodass er fünf Zoll aus ihrem Rücken herausragte. Sie stieß einen Schmerzensschrei aus und kam zu den Schützengräben hinunter. Die Engländer stürzten sich wütend auf sie, aber sofort streckte man ihr eine Hand entgegen. Eine schwere Streitaxt schlug ihren Beschützer nieder. Es war der tapfere Gamache, der ihr zu Hilfe gekommen war. Im Handumdrehen waren andere Helden zur Stelle und die Engländer zogen sich zurück. Zärtlich trugen sie die Jungfrau fort und legten ihr die Rüstung ab. Sie blickte mit tränenreichen Augen auf, aber sie waren, wie es ihre Gewohnheit war, auf den Himmel gerichtet.

„Wie geht es, Graf Dunois?" Sie fragte.

„Wir haben den Rückzug angeordnet", antwortete er, woraufhin sie teilweise aufsprang, den Pfeil mit beiden Händen ergriff und ihn herauszog. „Es darf keinen Rückzug geben", forderte sie. „Schnell, meine Rüstung." In wenigen Minuten bestieg sie ihr Ross und galoppierte durch die fliegenden Reihen. "Halt!" sie flehte. „Haben Sie Mut, in Gottes Namen. In einer halben Stunde werden die Engländer in unseren Händen sein."

Die Wirkung ihres heroischen Vorsatzes war wunderbar. Die Soldaten kehrten jubelnd um. Daulon ergriff das Lilienbanner und trug es zur Wand. Joan eilte vorwärts und führte erneut den Angriff an. Der Schrecken der Engländer beim Wiederauftauchen der Jungfrau kann nicht beschrieben werden. Sie hatten sie für tot gehalten. Sie waren sich nun sicher, dass sie mit Satan im Bunde war. Sie ließen ihre Waffen fallen und flohen, und die Angst verlieh ihrer Flucht Flügel. Laute Schreckensschreie von der Wasserseite rundeten die Katastrophen des Tages ab. Auf die Zugbrücke war ein Angriff verübt worden. Glasdale war dorthin geeilt, um die Schwachstelle zu schützen. Ein von Daulon abgefeuerter Schuss zerschmetterte den Pier und die Brücke stürzte mit all ihren Verteidigern krachend in die Loire. Glasdale ertrank, belastet von seiner schweren Rüstung. Es war diese Katastrophe, die den Aufschrei ausgelöst hatte. Der Tag endete für die Engländer in einer Tragödie. „Rettet euch, so gut ihr könnt", war das Signal zur Flucht. Die Festung wurde eingenommen.

In Orleans läuteten die Glocken zur Begrüßung der Truppen. Sie läuteten die ganze Nacht, um den Sieg zu feiern. Die Kirchen waren überfüllt, und aus tausenden dankbaren Herzen erhob sich das *Te Deum laudamus* zum Himmel. Am nächsten Morgen stieg dichter Rauch aus dem englischen Lager auf. Suffolk und Talbot hatten die Belagerung aufgegeben, ihr Lager in Brand gesteckt und waren mit dem Rest ihrer Armee zurückgezogen.

So erfüllte Joan in neun Tagen den ersten Teil ihrer Mission.

Kapitel V
Die Krönung und die Gefangennahme

Am linken Ufer der Loire, ein paar Meilen oberhalb von Orleans, liegt die kleine Stadt Jargeau . Zu der Zeit, über die wir schreiben, war es von massiven Mauern umgeben und galt als starke Festung. Nach der Aufhebung der Belagerung von Orleans wurde die Schwäche ihrer Position so offensichtlich, dass der Herzog von Suffolk mit seinen Brüdern Alexander und John de la Pole nach Jargeau zurückfiel . Innerhalb weniger Wochen stand die Jungfrau von Orleans, wie Johanna nun allgemein genannt wurde, mit ihren Hauptkommandanten vor ihren Mauern. Ihr einziger Wunsch bestand nun darin, den König zu seiner Krönung nach Reims zu führen. Obwohl ihre Wunden noch nicht geheilt waren, verließ sie Orleans mit La Hire, Dunois, dem Herzog von Alençon und anderen Offizieren, ging nach Tours, wo der Dauphin gerade Halt machte, und bat ihn, ihr sofort nach Reims zu folgen. Er war jedoch nicht geneigt, ihrem Wunsch nachzukommen. Seine Küche, sein Keller und seine Geldkassette waren wieder aufgefüllt, und da das Leben jetzt sehr angenehm war, beschloss er, dass es voreilig wäre, ein solches Unterfangen zu wagen, bis der Weg frei war; denn ungeachtet der Befreiung von Orleans hielt der Feind immer noch den Bezirk. Die Führer erklärten außerdem, dass dies einen Verstoß gegen alle Kriegsregeln darstellen würde. Zuerst müssen sie den Weg frei machen und vor allem muss Jargeau gefangen genommen werden. Joan war gezwungen, sich ihrer Entscheidung zu unterwerfen und sich ihnen anzuschließen.

Am 20. Juni – es war Freitag – traf die Armee vor Jargeau ein . Als wir erfuhren, dass Falstaff auf dem Weg von Paris war, um Suffolk zu helfen, wurde keine Zeit verschwendet. Sofort wurde mit den Vorbereitungen für den Angriff begonnen, und am Samstagabend war eine Bresche in die Mauer geschlagen worden. Am frühen Sonntagmorgen betrat Joan in voller Rüstung das Zelt von d'Alençon , der das Oberkommando innehatte.

„Komm, edler Herzog", rief sie, „lass uns den Angriff starten."

„Was", antwortete er, „heute? Am Sonntag?"

„Warum nicht, edler Herr? Gehorsam ist der beste Dienst für Gott."

„Aber, Joan, ist die Bresche passierbar?"

"Zweifellos. Gott hat den Feind in unsere Hände gegeben."

„Aber in der Zwischenzeit –"

„Es gibt keine Zwischenzeit, edler Herr. Was fürchtest du? Hast du vergessen, dass ich versprochen habe, dich sicher zu deiner Frau zurückzubringen?"

„Nun, lasst den Angriff beginnen."

„Vorwärts, Angriff!" rief Joan, als sie das Zelt verließ und ihr Banner schwenkte. Die Truppen rückten vor, aber die Befürchtungen des Herzogs erwiesen sich als begründet. Der Durchbruch war zu hoch. Eine Leiter muss hochgezogen werden. In der Zwischenzeit befand sich unter den Wagemutigen, die vorstürmten, auch Jean. „Halt, Junge", rief La Hire und zog ihn gleichzeitig zurück. „Ich glaube nicht, dass dein Schädel hart genug ist, um der Keule dieses Kerls zu widerstehen." Er wies auf die Lücke hin. Jean schaute auf und sah einen Riesen in der Öffnung stehen, der einen riesigen Knüppel schwang und mit teuflischer Freude lachte, während er alles um sich herum in Stücke riss. „Warte ein bisschen", sagte La Hire. „Ich denke, Ihr Namensvetter, der Schütze, kann das Lachen dieses Kerls stoppen." Er hatte recht. Das Katapult schleuderte einen Stein durch die Luft, der Riese warf seine Arme hoch und fiel rückwärts von der Wand, ein lauter Schrei begleitete seinen Fall.

Joan stürmte die Leiter hinauf und rief: „Vorwärts, vorwärts, meine Tapferen", doch ein Stein ließ sie zu Boden fallen.

"Hurra!" riefen die Engländer: „Die Hexe ist tot." Ihre Freude war jedoch nur von kurzer Dauer. Wieder ergriff sie die Angst, als sie nicht nur ihre beruhigenden Worte an die Menschen um sie herum hörten, sondern auch sahen, wie sie sich darauf vorbereitete, die Leiter erneut zu erklimmen.

„Alles klar, Junge", sagte La Hire, als Jean erneut vorwärts stürmte. „Diesmal bin ich bei dir." Sie kletterten schnell die Leiter hinauf, aber als Jean oben ankam, waren einige der Engländer heruntergeworfen worden und andere flogen in die Stadt. Zu den Abgeschleuderten gehörte auch Alexander de la Pole. Als der Herzog von Suffolk sah, dass sein Bruder gefallen war und die Franzosen einströmten, gab er den Kampf auf und wandte sich wie die anderen der Stadt zu.

"Halt! Halt! aufgeben!" rief eine starke Stimme. Suffolk blieb stehen und sah seinen Verfolger an. Er hätte ihn mit wenig Aufwand besiegen können, aber er hielt es nicht für ritterlich, einen Feind auszunutzen. "Wer bist du?" er hat gefragt.

„Jean Renault", war die Antwort.

"Edelmann?"

"Ja."

"Ritter?"

"NEIN."

"Niederknien."

Jean gehorchte. Der Herzog hob sein Schwert und versetzte ihm mit den Worten „Im Namen Gottes und des heiligen Georg, ich schlage dich zum Ritter" drei Schläge mit der flachen Klinge auf die Schulter und bot ihm dann sein Schwert an.

Jean stand auf, drückte die Hand des Herzogs an seine Lippen, nahm sein Schwert und sagte: „Ich verdiene diese Ehre nicht, mein Lord Duke, aber ich bin sehr stolz, das Schwert des ersten Helden Englands zu erhalten."

„Du hast recht", sagte eine tiefe Stimme hinter ihm; und wie zum Segen legte La Hire seine gepanzerte Hand auf seinen Kopf. „Du hast recht, sage ich. Die ganze Ritterschaft Frankreichs würde dir dieses Schwert gönnen. Beim Heiligen Georg, ich bin genauso glücklich, als hätte ich dieses Schwert in der Hand meines eigenen Sohnes gesehen."

„Das Wort des edlen La Hire", sagte der Herzog , „ist eine ausreichende Garantie dafür, dass mein Schwert würdig getragen wird, Sir Jean Renault; Es ist kein Fleck darauf, bewahre seine Reinheit." Jeans Gefühle überwältigten ihn und er konnte keine Antwort geben.

Nach der Einnahme von Jargeau ruhte sich Joan eine Zeit lang aus, während sie Verstärkung nach Orleans schickte, da im Loire-Gebiet noch weitere Siege errungen werden mussten. Während ihr Ruhm jeden Tag Rekruten für ihr Banner anzog, war die Angst vor ihrem Namen so überwältigend, dass Meung , Beaugency , Guetin und andere Städte kapitulierten, ohne Widerstand zu leisten. Die aus Paris unter Talbot und Falstaff vorrückende englische Streitmacht wurde bei Patay besiegt und zwei ihrer Generäle wurden gefangen genommen. Die Evakuierung von Paris war das Ergebnis dieser Schlacht. [25]

Joan kehrte mit dem Herzog von Alençon nach Orleans zurück und begab sich von dort nach Gien , um den Dauphin zu besuchen. „Sire", sagte sie, „das Loire-Gebiet ist jetzt frei." Begleiten Sie mich zu Ihrer Krönung in Reims."

Der Dauphin zögerte noch. „Der Weg ist sogar gefährlich", sagte er. „Viele Burgen und Städte in der Champagne sind immer noch in der Hand des Feindes. Wie leicht wäre es für sie, uns von der Normandie aus in den Rücken zu fallen." Seine anwesenden Stadträte kamen zu dem Schluss, dass seine Befürchtungen begründet waren.

„Oh, ihr Heiligen des Himmels", rief die Jungfrau mit vor Begeisterung leuchtenden Augen, „hilft mir, dem edlen Dauphin ein wenig von dem Mut einzuflößen, den ihr mir gegeben habt!" Ihr Gebet wurde sofort erhört. Der König war berührt von ihren gefühlvollen Augen, ihrem unerschütterlichen Glauben und ihrer erhabenen Inspiration. „Ja, Joan, wir werden dir vertrauen", rief er. „Weiter nach Reims."

Bestellungen wurden in alle Richtungen verschickt. Die Anführer und ihre Truppen versammelten sich schnell und der Marsch begann. Joan führte die Vorhut an. Bei der bloßen Ankündigung ihres Kommens kapitulierten die Städte Auxerre, St. Florentin , Chalons und Sept- Sceaux . Troyes ergab sich erst, als die Vorbereitungen für den Angriff getroffen wurden. In Sept-Sceaux , vier Meilen von Reims entfernt, ruhten sie. Charles schickte daraufhin drei seiner wichtigsten Ratsmitglieder nach San Remy, um das dort aufbewahrte heilige Öl zu holen. [26] Sie kehrten zurück, begleitet von einer großen Prozession, angeführt vom Abt von San Remy, der mit der Phiole unter einem Baldachin ging.

Von allen Türmen von Reims aus kündigten die Glocken die denkwürdige Zeremonie vom 17. Juli 1429 an, die Johannas Mission vollendete. Die Orgel und ein majestätischer Lobgesang begrüßten den langen Krönungszug beim Einzug in die Kathedrale St. Denis. Joan begleitete den König in die Vorhalle, wo ihn der Erzbischof von Reims empfing und zum Hochaltar führte. Der Chor war auf beiden Seiten von den Kommandanten und führenden Würdenträgern, Rittern und Herren, Knappen und Dienern besetzt, während eine riesige Menschenmenge die Kathedrale bis zum Äußersten drängte. Joan stand neben dem König, ihre Augen leuchteten vor heiliger Freude, sie hielt ihr Banner in der linken Hand und ihr Schwert in der rechten. [27] Es war eine Position, die normalerweise nur die ersten Marschälle des Königreichs bekleiden durften; aber niemand stellte ihr Recht darauf in Frage oder beneidete sie.

Der letzte Akt der Zeremonie war die Krönung Karls

Die heilige Veranstaltung begann um neun Uhr morgens und dauerte bis zwei Uhr nachmittags. Die Eröffnungszeremonie bestand in der Abgabe des Eides durch den Erzbischof , bei dem Johanna, dem alten Brauch folgend, ihr Schwert über den Kopf des Königs hielt. Dann folgte die Ritterung, denn Karl hatte diese Ehre noch nicht erhalten, ohne die er den Thron nicht besteigen konnte. Er kniete nieder und der Herzog von Alençon erhob ihn zum Ritter. Die dritte Zeremonie war die Weihe und Salbung mit dem heiligen Öl und wurde vom Erzbischof durchgeführt . Der letzte Akt war seine Krönung durch denselben Prälaten. Sobald das königliche Symbol auf seinem Kopf glitzerte, hallte die Kathedrale von den begeisterten Zurufen der großen Menge wider: „Gegrüßet seist du, König Karl der Siebte!" begleitet von einer Fanfare aus Trompeten, Trommelwirbeln und majestätischen Chören.

Joan war die erste, die der Krone die Treue erklärte. Sie warf sich dem König zu Füßen, küsste sein Knie und sagte: „Herr, der Wille Gottes ist erfüllt." Sie sind jetzt der wahre König von Frankreich. Meine Mission ist beendet. Erlaube mir, nach Hause zurückzukehren und das bescheidene Leben der Hirtin wieder aufzunehmen."

„Nein, Joan", antwortete der König, „ich kann dich nicht entbehren. Alles, was ich jetzt bin, verdanke ich dir. Du musst mich auf dem Rückweg begleiten."

Joan stand traurig auf. Sie hatte das Gefühl, dass sie, wenn sie länger bliebe, den göttlichen Stimmen nicht gehorchen würde, die ihr den Auftrag gegeben hatten, nur die beiden nun erfolgreich erfüllten Aufgaben zu erfüllen. Der König belohnte sie, indem er ihrer gesamten Familie ein Adelspatent verlieh, weshalb sie „Jeanne d'Arc " genannt wird. Ihr Wappen bestand aus einem blauen Schild mit zwei goldenen Lilien und einem silbernen Schwert, das an der Spitze eine goldene Krone trug. Diese Unterscheidungen interessierten Joan jedoch wenig. Sie wurde immer trauriger und sehnte sich sehnlichst nach ihren Heimatfeldern und ihrem geliebten Feenbaum. Dieses Gefühl wurde noch intensiver, als ihr Bruder Pierre ankam; aber sie stürzte sich freudig in seine Arme und war einigermaßen getröstet, als der König ihn zu ihrem Pagen ernannte, und sie wusste, dass er sie niemals verlassen würde. Sie nahm an vielen weiteren Militäreinsätzen teil; Aber obwohl sie viele Städte betrat, deren Tore sich beim Klang ihres Namens öffneten, obwohl sie überall als Heilige begrüßt und mit begeisterten Beifallsrufen und Lobliedern empfangen wurde, spürte sie nicht mehr den frühen bedingungslosen Glauben und die heilige Inspiration. Eine unglückselige Bewegung gegen Paris, bei der sie erneut verwundet wurde, bestärkte sie in der Überzeugung, dass sie ihre Pflicht überschritten hatte und nicht mehr unter dem Schutz ihrer Heiligen stand. Sie wurde von düsteren Todesvorahnungen heimgesucht. Sie verfolgten sie in Träumen, und schließlich flehte sie den König erneut an, sie gehen zu lassen.

„Wovor fürchtest du dich, Joan?" sagte der König. „Wenn du verwundet bist, wird es meine Aufgabe sein, dich zu heilen. Wenn Sie von den Engländern gefangen genommen werden, werde ich Sie freilassen, wenn es die Hälfte meines Königreichs kostet. Du bist der Schutzengel Frankreichs. Ich kann dich nicht gehen lassen." Er übertrug ihr das Kommando über sein eigenes Korps und schickte sie erneut in den Tumult der Schlacht.

Am 27. Mai erschien Johanna mit ihrer Armee vor Compiègne , [28] das von den Franzosen besetzt war, aber eng vom Herzog von Burgund umgeben war, der mit den Engländern verbündet war. Sie gelangte erfolgreich in die Stadt und wurde natürlich mit größter Begeisterung empfangen. Früh am nächsten Tag unternahm sie an der Spitze von sechshundert Soldaten einen

Ausfall. Sie trug ihre übliche Rüstung mit einem kurzen silbervergoldeten Umhang darüber und trug ihre kleine Streitaxt, ihr Schwert und ihr Banner.

Die Armee Philipps von Burgund bestand aus erfahrenen Truppen und ihre verschiedenen Divisionen wurden von Noyelles , Johannes von Luxemburg und Johannes von Montgomery angeführt. Joan fegte wie ein Wirbelwind zwischen ihnen hindurch, riss alles vor sich her und versetzte sie vorübergehend in völlige Verwirrung. Ein Schreckensschrei – „ Die Jungfrau, die Jungfrau" – erklang im Lager, doch als Philipp von Burgund mit Verstärkung erschien, begannen die Engländer, die sich von ihrer ersten Überraschung und Verwirrung erholt hatten, ihre Stellung zu behaupten. Als sie sich einer zehnfach größeren Streitmacht gegenübersah, befahl sie den Rückzug. Sie war die letzte in der Reihe und wurde vom Feind stark bedrängt, aber als die Kühnsten von ihnen zu nahe kamen, wandte sie sich gegen sie und trieb sie zurück. Auf diese Weise gelang ihr der Weg zum Tor. Da dort viel Gedränge und Unordnung herrschte, wandte sie sich an der Spitze ihrer Nachhut noch einmal gegen ihre Verfolger, schlug sie zurück und gewann so Zeit für ihre Soldaten, in die Stadt vorzudringen. Doch als sie selbst zum Tor stürmte, traf sie auf eine englische Truppe, die ihr den Weg versperrte. Sie hieb nach rechts und links und bahnte sich einen Weg hindurch; aber leider! das Tor war geschlossen. Niemand hörte ihren Ruf, niemand öffnete das Tor, denn man fürchtete, dass die Engländer durchstürmen könnten. Joan wendete ihr Pferd in der Hoffnung, offenes Land zu erreichen oder ein anderes Tor zu finden. Als der Feind sah, dass sie allein ritt, nahm er Mut zusammen. Sie war schnell umzingelt und es kam zu einem verzweifelten Kampf. Ein Bogenschütze schlich sich unter ihr Pferd, packte sie an ihrem Samtumhang und zog sie zu Boden. Sie sammelte ihre ganze Kraft für einen letzten Versuch, sank aber, von der Übermacht überwältigt, erschöpft auf die Knie und kämpfte mit ihrer wenigen verbliebenen Kraft weiter. Sehnsüchtig beobachtete sie die Stadt, aber niemand kam ihr zu Hilfe. Schließlich übergab sie ihr Schwert an Lionel, einen der Anführer im Korps des Herzogs von Luxemburg .

„Die Jungfrau ist gefangen", riefen die Soldaten. Die Nachricht verbreitete sich von Ort zu Ort und von Truppe zu Truppe. Die Engländer feierten das Ereignis mit so viel Begeisterung, als hätten sie eine offene Schlacht gewonnen. Sie dürften sich freuen, denn Joans Tapferkeit hatte sie zwei Drittel ihres französischen Besitzes gekostet.

Der Herzog von Bedford, der Earl of Warwick und der Bischof von Winchester wiesen Bruder Martin, Generalvikar der Inquisition, an, die Übergabe „der Hexe" in die Hände der Kirche zu fordern. Martin schrieb an den Herzog von Burgund wie folgt:

„Aufgrund der Bestimmungen unseres Ordens und des Heiligen Römischen Stuhls, die uns die Autorität verleihen, bitten und befehlen wir, dass Sie uns unter gesetzlichen Strafen die Gefangene, die Jungfrau Johanna, übergeben, die der Ketzerei verdächtigt wird, dass sie kann vor dem Gericht der Heiligen Inquisition verklagt werden."

„Wir beide wissen", sagte der Herzog von Burgund zu Johannes von Luxemburg, „dass Johanna keine Hexe, sondern eine edle Jungfrau ist und dass wir verpflichtet sind, alle edlen Gefangenen gegen eine Gegenleistung von zehntausend Pfund an unsere englischen Verbündeten auszuliefern." . Aber wir wissen auch, dass die Jungfrau eine Ausnahme darstellt, da es durchaus wahrscheinlich ist, dass Karl VII. sie freikaufen wird, denn er hat es versprochen." Johannes von Luxemburg war zufrieden, denn er hoffte, vom König mehr zu bekommen als von den Engländern. In der Zwischenzeit schickte er Joan auf sein Schloss Beaurevoir , wo sie von seiner Frau liebevoll begrüßt wurde.

Monat für Monat verging, aber von Karl VII. hörte man nichts. In dem luxuriösen Leben, das er führte, hatte er keine Zeit, an seinen Retter zu denken, den er zu erlösen versprochen hatte, selbst wenn es ihn die Hälfte seines Königreichs kosten würde. Aus diesem Grund waren die Engländer bestrebt, die Dinge zu beschleunigen. Sie wiesen Cauchon , den Bischof von Beauvais, in dessen Diözese Joan gefangen genommen worden war, an, ihre Auslieferung an ihn zu beantragen und ihre Vernehmung durchzuführen. Sie boten dem Herzog von Luxemburg zehntausend Pfund, den Lösegeldpreis eines Generals und eine Rente von dreihundert Pfund für Herzog Lionel. Mitte September ließ der Herzog von Luxemburg seiner Frau mitteilen, dass er nicht länger warten könne, aber durch ihre ernste Bitte und durch ihre Entschuldigung, dass der Herzog von Bedford das Geld noch nicht geschickt habe, verschaffte sie Joan eine weitere Frist.

Joan brach in Tränen aus, als sie nun zum ersten Mal den wahren Charakter der Situation erkannte. „Oh, ich wusste, dass es so sein würde!" rief sie aus. „Sie haben mich verkauft, aber ich würde lieber sterben, als in die Hände der Engländer gegeben zu werden."

An einem stürmischen Novemberabend hörten die Burgwächter einen Schrei, der sogar über das Heulen des Sturms hinaus zu hören war. Sie eilten zur Stelle und fanden Joan im Wassergraben. Sie hatte sich aus dem Fenster gestürzt, aber ihr Ziel war gescheitert. Sie war nicht tot. Das Ereignis löste in dem geizigen Burgherrn Angst aus, dass er seine Belohnung völlig verlieren könnte, denn wie konnte er garantieren, dass dieses verzweifelte Mädchen trotz größter Wachsamkeit ihr Ziel noch nicht erreichen würde?

Wenige Wochen später stand der Pöbel von Rouen vor einem eisernen Käfig, der an einem Turm hing. Spöttische Schimpfwörter und grausame Beleidigungen gingen von Lippe zu Lippe und wurden mit unanständigem Gelächter quittiert. In einer Ecke des Käfigs saß eine kauernde, mit Fesseln gefesselte Gestalt. Ihr Gesicht war nicht zu sehen, denn ihr Kopf war vor Angst gesenkt. Einer aus der Menge streckte seine Lanze in ihre Richtung, damit sie aufblickte. Er hatte Erfolg. Sie hob langsam ihren Kopf und die Menge blickte in Augen voller Trauer, Augen voller Reinheit und Schönheit – die Augen von Joan. Der Herzog von Luxemburg hatte seinen berüchtigten Handel abgeschlossen. Er hatte sie den Engländern übergeben.

Kapitel VI
Das Martyrium

Jean Renault saß in einer Taverne in Chinon und blickte geistesabwesend auf die Blumenfelder, die von seinen Fenstern aus sichtbar waren. Es war ein Tag im Mai 1431, und die Zeit und die Szene erinnerten ihn schmerzlich daran, dass dies der dritte Frühling seit den Vorfällen im Wald und in der Ursulinenkirche war. Er war jedoch kein Träumer, sondern ein Mann des schnellen und entschlossenen Handelns. Es war der Gedanke, dass er daran gehindert worden war, das Ziel zu erreichen, das ihm am Herzen lag, das ihn düster und geistesabwesend machte. Ein schwerer Schritt unterbrach seine Träumerei.

"Ha! „Der Bösewicht", rief La Hire, als er eintrat, fast außer sich vor Wut. „Der schmutzige, käufliche Kerl! Der unehrenhafte Schurke, der diesen Edlen für schändliches Gold verkaufen würde! Aber lass ihn einfach warten! Ich suche ihn und bin ihm auf der Spur!"

„Edler Herr", unterbrach Jean, „von wem sprechen Sie?"

„Von wem spreche ich? Von wem außer Luxemburg? Das-"

"Ah! von ihm! Auch ich habe an ihn gedacht."

„Ich kann es gut glauben, mein Junge", denn obwohl Jean jetzt ein Ritter war, nannte La Hire ihn weiterhin „mein Junge". „Ich kann deswegen nicht schlafen. Schande und Schande über ihn."

Compiègne gewesen . Dann hätten wir Gelegenheit haben sollen, ihn zu treffen."

„Ja, ja, ihn zu treffen – aber die arme Jungfrau!"

„Ja, das arme Mädchen! Ich habe auch an sie gedacht."

„Sie schmachtet in einem düsteren Gefängnis."

„Ja, in einem düsteren Gefängnis."

„Ihre zarten Glieder sind mit Fesseln beladen."

„Ja, mit Fesseln beladen!"

„Zu Brot und Wasser verurteilt, wie ein Schwerverbrecher."

„Zu Brot und Wasser verdammt!"

„Sie, die Retterin Frankreichs!"

„Von wem sprechen Sie, edler Herr?"

„Von wem spreche ich? Heiliger Georg, von wem außer Joan?"

„Von Joan? Ich dachte, es wäre von –"

„Ah, du hast an Marie gedacht! Das arme Kind! Möge Gottes Rache über Luxemburg kommen!"

„Und was ist mit Joan?"

"Weißt du nicht? Natürlich tun Sie das nicht, denn ich habe es Ihnen nicht gesagt. Er hat sie aufgegeben, an die Engländer verkauft, den Bösewicht!"

"Wer hat?" rief der erstaunte Jean.

„Der Herzog von Luxemburg."

„Gott helfe ihr! Und der König?"

„ Pah ! der König! Es ist ihm egal."

„Oh, wie schade!"

„Oh, diese Schande!"

„Aber mit welcher rechtlichen Befugnis haben sie Joan ins Gefängnis gesteckt?"

„Durch welche rechtliche Autorität? Fragen Sie die Priester, die sie verurteilt haben."

"Die Priester!"

„Die rachsüchtigen Engländer haben sie der Heiligen Inquisition übergeben. Der Bischof von Beauvais leitete das Verfahren und sie wurde wegen Ketzerei zu lebenslanger Haft verurteilt."

„Zu lebenslanger Haft! Aber wie konnte man sie der Ketzerei überführen?"

„Sie haben sie nicht verurteilt. Dieses einfache Kind widerlegte jeden Vorwurf, der gegen sie erhoben wurde, indem sie vernünftig und fromm auf die Fragen antwortete, die sie ihr stellte. Sie verurteilten sie wegen Verkehr mit bösen Geistern."

„Beschämend, es ist beschämend!" rief Jean und sprang wütend auf.

„Ja, schrecklich!"

„Leb wohl, edler Herr."

"Was? Wohin gehst du?"

„Nach Rouen. Du musst mich gehen lassen. Ich werde den König nicht fragen."

„Aber was wirst du in Rouen machen?"

„Rufen Sie Hilfe, wenn es möglich ist. Retten Sie Joan, auch wenn es mich das Leben kosten sollte."

„Ich wünschte, ich könnte mit dir gehen! Aber ich konnte nicht von Nutzen sein. Du wirst dein Ziel nicht erreichen, mein Junge. Sie haben nicht nur einen besonderen Turm für ihr Gefängnis ausgewählt, sondern sie auch sicher mit Ketten an einen Pfosten gefesselt, der für Sie nicht erreichbar ist. Und draußen sind ständig zwei Wärter auf der Hut, im Inneren des Gefängnisses drei."

„Aber selbst das, edler Herr, entmutigt mich nicht. Es macht mich nur noch begieriger, wegzugehen; und es gibt noch etwas anderes, das mich nach Rouen drängt."

„Nun, Gott sei mit dir, mein Junge. Aber ich warne Sie, vorsichtig zu sein. Ich wünschte, ich könnte auch gehen. Ich würde Sie bitten, zu warten, bis ich dort sein kann, aber das wäre nicht richtig. Du hast schon zu lange gewartet."

Am nächsten Tag ritt Jean als Bauer verkleidet nach Rouen. Während er durch die wiedergewonnenen Gebiete ritt, ritt er so schnell, wie es die Kraft seines Pferdes erlaubte, und folgte demselben Umweg, den er auf seiner ersten Reise eingeschlagen hatte. Auf dem letzten Stück machte er einen noch größeren Umweg, der ihn in seine eigene Nachbarschaft führte, wo er, wie erwartet, auf Bauern traf, die ihm bekannt waren. Er ließ sein Pferd bei ihnen und machte sich zu Fuß auf den Weg nach Rouen. Diese Stadt und ihre Umgebung befanden sich in den Händen des Feindes und waren so stark besetzt, dass auf den Straßen nur Englisch zu hören war – eine Tatsache, die Jean große Besorgnis erregte. Sein Erscheinen erregte jedoch keine Aufmerksamkeit, da der Verkehr zwischen Stadt und Land allmählich wiederhergestellt worden war und die Bauern ihre Produkte frei auf den Markt brachten.

Jeans erster Umzug führte zur Kirche St. Ursula. Dort, an der Stelle an der Mauer, die ihm so vertraut war, fiel er auf die Knie, konnte aber nicht beten. Er konnte sein Herz schlagen hören, während er zuhörte; Doch als er feststellte, dass er vergeblich zuhörte und auf der anderen Seite der Mauer kein Lebenszeichen zu sehen war, wurde er ruhiger und betete inbrünstig zum Himmel um Hilfe. Als er in seine Unterkunft zurückkehrte, gab er sich für einen der neugierigen Menschenmengen aus, die von nah und fern herbeiströmten, um „die Hexe" zu sehen.

„Du bist ohne großen Nutzen hierher gekommen, guter Freund", sagte sein Gastgeber, „und doch gibt es einige Sehenswürdigkeiten, die dich belohnen werden. Sie können den Käfig sehen, in dem die Gefangene eingesperrt war, und den Turm, in dem sie immer noch eingesperrt ist."

„Darf niemand den Turm betreten? Ich wäre zufrieden, wenn ich sie auch aus der Ferne sehen könnte.“

„Warum, woran denkst du? Niemand sollte sie sehen dürfen, denn sie hat Verkehr mit bösen Geistern! Wie einfach wäre es für einen dieser Geister, die Gestalt eines Bauern anzunehmen und sich einer Menge neugieriger Menschen anzuschließen, als wäre er einer von ihnen! Jetzt öffnet sich die Gefängnistür! Stille! Da kommt der Geist rein! und ps -t – sie sind weg. Siehst du? So ist es mit Hexen.“

"Ist das so?"

"Oh ja! Meine Großmutter, gesegnet –“

In diesem Augenblick wurde der geschwätzige Wirt gerufen. Als er zurückkam , hatte er seine Geschichte in seinem Eifer, seinem Gast eine Ankündigung zu machen, vergessen.

„Sie sind ein sehr glücklicher Mann“, sagte er und strahlte vor Freude.

"Wie so?" antwortete Jean.

„Warum, schau dich an! Ich dachte, ich wäre es auch, als ich die Nachricht hörte. Ich bin vollkommen erfreut, dass du nicht bei diesem bemitleidenswerten Kerl Loup einquartiert hast. Unter uns gesagt, ich kann diesen Mann nicht ertragen. Er hat es kürzlich getan – aber davon werde ich Ihnen ein anderes Mal erzählen. Was habe ich gesagt? Oh ja! Schau, da kommt meine Cousine, die liebe, gute Frau! Sie können sich nicht vorstellen, wie fromm sie ist. Sein Hochwürden, der Bischof , könnte es Ihnen sagen. Er hat sogar schon oft selbst ihre Geständnisse abgelegt!“

„Ja, aber was hat das alles zu bedeuten?“

„Nun, das bedeutet eine gute Nachricht. Ich habe mich davongeschlichen, um es Ihnen zu sagen, denn es ist immer noch ein Geheimnis, und mein Cousin hat seine Ehrfurcht geschworen, niemandem ein Wort davon zu verraten, und sie hat Charlotte zuerst gesagt –“

„Aber was ist dieses Geheimnis?“

"Naja, was denkst du? Die Hexe hatte im Gefängnis tatsächlich Verkehr mit bösen Geistern!“

"Ah! Wie kannst du das Wissen?"

"Wie? Mein Cousin könnte es dir genau sagen. Mal sehen, wie war es? Oh ja; Ich habe es. Die Hexe hatte versprochen, auf alle ihre höllischen Praktiken zu verzichten und Frauenkleidung zu tragen. So wurden sie ins Gefängnis gebracht; Trotzdem wurde sie am nächsten Morgen wieder in Männerkleidung gefunden. Hier hast du es."

„Aber warum schließen Sie daraus, dass sie Verkehr mit bösen Geistern hat?"

"Warum? Zweifeln Sie immer noch? Heilige Ursula! Seine Ehrfurcht sagt es. Meine Cousine, die gute Frau, sie könnte dir alles erzählen; aber sie ist gerade zur Messe gegangen.

„Aber du wolltest mir gute Neuigkeiten überbringen."

"Oh ja; Ich hatte es fast vergessen. Es ist das. Da die Hexe ihren Verkehr mit den bösen Geistern wieder aufgenommen hat, muss ihr erneut der Prozess gemacht werden."

„Nun, was interessiert mich das?"

„Von welchem Interesse ist es für Sie? Heilige Ursula! Ist es für Sie nicht von größtem Interesse, dass Sie nicht umsonst hierher gekommen sind? Wenn sie die Hexe erneut verurteilen, wird sie wie beim ersten Mal auf einer hohen Plattform stehen, und du wirst sie genauso leicht sehen, wie du mich jetzt siehst."

"Also! Das ist nett. Aber wann wird es sein?"

„Ich weiß es nicht, kleiner Freund. Aber, ps -t, mein Cousin wird von seiner Ehrfurcht alles darüber erfahren."

„Ist der Bischof hier?"

"Noch nicht; aber wenn er heute nicht kommt, wird er morgen früh hier sein."

„Na klar, ich bin genau zum richtigen Zeitpunkt hier angekommen."

„Habe ich es dir nicht gesagt? Ich bin so froh, dass Sie nicht bei diesem unangenehmen Loup bleiben, denn er hätte Ihnen kein Wort über diese Angelegenheit sagen können."

"Natürlich nicht. Er hat keinen so frommen Cousin, der sich selbst zu seiner Ehrfurcht bekennt. Aber kann ich jetzt gehen und mir den Turm und den Käfig ansehen?"

„Sicherlich, kleiner Freund; aber hör zu. Wenn du diesem Loup triffst, grüße ihn nicht, sieh ihn nicht einmal an, denn man sagt, er habe einen bösen Blick — er könnte dich verzaubern."

"Ich werde daran denken."

Zu seiner großen Enttäuschung stellte Jean fest, dass der Turm so gut bewacht war, dass er Joan nicht im Geringsten helfen konnte. Er beschloss, sich zurückzuziehen und die Ereignisse abzuwarten, bevor er irgendwelche Pläne schmiedete, und in der Zwischenzeit Nachforschungen über Marie anzustellen. Auf dem Rückweg hörte er von Passanten, dass der Bischof gerade erwartet werde und dass er dort vorbeikommen würde. Da er sich nicht unnötig dem Blick des Prälaten aussetzen wollte, betrat er die Ursulinenkirche. Es war leer. Er ging an die übliche Stelle und kaum hatte er sein Ohr an die Wand gelegt, hörte er deutlich ein Schluchzen, das durch den Stein zu dringen schien. Zitternd vor Aufregung hörte er umso aufmerksamer zu, aber vergebens. Alles war still. War er getäuscht worden oder nicht? Plötzlich schien es ihm, als sei es die Stimme des Mädchens in der Kutsche, die er im Wald traf, und als könne es sich nicht um eine andere als Marie von Chafleur handeln . Er machte schnell seine Pläne. Als er an eine Tür gelehnt stand, vor der er scheinbar in Andacht gekniet hatte, drückte er ein Stück Wachs gegen das Schloss, ging sofort zu einem Schlosser in einer abgelegenen Straße und sagte, sein Herr wünsche einen Schlüssel aus dem Abdruck gemacht.

Am nächsten Abend, als ganz Rouen unterwegs war, um den Einzug des jungen Königs Heinrich von England zu erleben, fand Jean die Kirche erneut leer vor. Er versuchte es mit dem Schlüssel und er öffnete die Tür. Er gelangte in einen langen, dunklen Durchgang, der an der Wand entlangführte. Wenn er mit seinen Berechnungen Recht hatte, würde er das Gefängnis zwischen diesem Durchgang und der Kirche finden. Er tastete an der Wand entlang, denn er konnte nichts sehen. Er hatte recht. In der Nähe der Ecke befand sich eine Tür. Es musste zu dem Gefängnis führen , aus dem das Schluchzen gekommen war. Mit zitternder Hand nahm er einen weiteren Abdruck, tastete sich zurück, schloss die Tür in der Kirchenwand und ging. Am nächsten Tag erhielt er den zweiten Schlüssel. Nun verließ er die Kirche für einige Zeit und widmete seine Aufmerksamkeit ausschließlich dem Schicksal Johannas. Über sie kursierten die merkwürdigsten Berichte; aber sie waren so unglaublich und dabei so schrecklich, dass er ihnen kaum Beachtung schenkte. Was ihn am meisten schmerzte, war die Gewissheit, dass er nichts tun konnte, um ihr zu helfen.

So stand es an jenem 30. Mai des denkwürdigen Jahres 1431. Die Sonne schien an diesem Morgen fröhlich, und die Vögel sangen fröhlich in den Bäumen und zwischen den Blumen. Die Türen von Rouen standen weit offen. Von nah und fern versammelte sich die Menge. An den Seiten des großen Marktplatzes und in den Straßen, die dorthin führten, war ein Meer von Köpfen, und Fenster und Dächer waren überfüllt. In der Mitte des Platzes befanden sich drei hohe Plattformen. Zwei davon, die einander gegenüberstanden, waren offenbar für die unmittelbar am Verfahren Beteiligten abgegrenzt. Das allgemeine Interesse konzentrierte sich jedoch auf die dritte Plattform, an deren Nutzen kein Zweifel bestehen konnte. Der Boden ruhte auf einem Holzstapel, der so angeordnet war, dass die Stämme Stufen bildeten, und aus der Mitte der Plattform erhob sich ein Pfahl in

Mannshöhe. Die Basis des Haufens war von Reisigbündeln umgeben, die mit Harz und Pech bestrichen waren.

„Komm schon, kleiner Freund", sagte der Wirt zu Jean, als er die Treppe hinaufstieg. „Ich habe einen schönen Ort zum Sehen. Ich bin so froh, dass du nicht bei diesem elenden Loup aufgehört hast – aber, heilige Ursula! sind Sie krank? Deine Hand ist so kalt wie Eis."

„Mir geht es nicht sehr gut", antwortete Jean, „und ich würde lieber wieder zurückgehen."

"Was! Du hast nicht vor, sofort zu gehen, wenn das Spektakel beginnt! Ich werde einen kleinen Trank für dich besorgen, meine Cousine, die gute Frau – aber, heilige Ursula! schon klappern die Trommeln. Die Richter besteigen das große Tribunal. Schauen Sie, da ist seine Ehrfurcht. In seiner Hand hält er das Pergament, auf dem der Satz steht. Passt auf. Er wird es bald lesen."

Jean hörte kein Wort. Sein Blick war auf eine ferne Stelle gerichtet, von der aus, begleitet vom Trommelwirbel und dem Geschrei der Menge, langsam eine Prozession durch die Menge zog.

„Sehen Sie den Wagen?" sagte der Wirt. „Sehen Sie die Hexe darin? Sie sitzt neben Pater Martin. Dieser heilige Mann hat die ganze Nacht an ihrer Seite gebetet, dass der böse Geist sie verlassen möge. Heilige Ursula! Sehen Sie, wie sie sie gefesselt haben! Ihre Hände sind gefesselt und ihre Füße sind in Eisenringen mit einer Kette dazwischen."

Der Wagen erreichte bald den Platz. Joan wurde von Pater Martin zur zweiten Plattform geführt. Der Bischof von Beauvais verlas den Satz inmitten des tiefen Schweigens der Menge:

„Im Namen Gottes, Amen.

„Wir, der Bischof von Beauvais, Meister und Vikar der Inquisition, verkünden das Urteil. Da Johanna, die allgemein „die Jungfrau" genannt wird, in Häresie und Abfall vom Glauben verfallen ist, wird sie exkommuniziert und hiermit der weltlichen Macht übergeben, um die für den Ketzer vorgesehene Strafe zu verhängen."

Einige hätten applaudiert, aber sie fanden keine Ermutigung, denn Johanna war auf die Knie gefallen und betete, und als sie den Kopf hob , war ihr Gesicht wie das Gesicht eines Engels. Viele begannen zu begreifen, dass sie keine Kriminelle war, und hier und da waren laute Schluchzer zu hören, die den wachsenden Gefühlswandel anzeigten. Als die Richter dies bemerkten, beschleunigten sie ihre Arbeit. Ein Diener kam auf sie zu und setzte ihr eine spitze Mütze auf, auf der die Worte „Ketzerin, Rückfällige , Abtrünnige, Götzendienerin" standen. Dann eilte er sie die Stufen hinunter und führte sie zu dem Haufen, an dessen Fuß der Henker wartete.

„Verlass mich nicht, Pater Martin", flehte sie, als der Henker sie packte und auf die Plattform zerrte. Der Vater folgte ihr und blieb bei ihr, während der Henker sie an den Scheiterhaufen fesselte und sich dann zum Abstieg umdrehte.

„Betet für mich, alle beten für mich", rief sie den Menschen zu.

Der Henker ergriff eine Fackel und zündete die Reisigbündel am Fuß des Haufens an. Rasch stiegen die Flammen auf.

„Um Gottes willen, mein Vater", rief Joan, „passen Sie auf sich auf! Schnell, schnell, beeil dich, aber halte das Kruzifix hoch vor mir, bis ich sterbe."

Martin tat, was sie verlangte. Der Bischof von Beauvais näherte sich.

„Bischof, Bischof", sagte Joan vorwurfsvoll, „du bist die Ursache meines Todes", und als sie die Hitze spürte, rief sie aus: „O Rouen, ich fürchte, du wirst für meinen Tod leiden müssen."

Die Flammen stiegen höher. Eine dichte Rauchwolke verbarg sie, aber ab und zu fegte der Wind sie beiseite, und die Menschen sahen keine Teufelshexe, sondern einen betenden Engel mit wunderbar schönen Augen, die auf den Himmel gerichtet waren. Plötzlich erfassten die Flammen ihre Kleidung. Ihr letztes Wort war „Jesus" – dann ein durchdringender Todesschrei und alles war zu Ende.

*Die Flammen stiegen höher und die Menschen sahen keine
Teufelshexe, sondern einen betenden Engel, dessen Augen auf den
Himmel gerichtet waren*

So starb die Jungfrau von Orleans, die Retterin Frankreichs. Sie starb
vergessen und verlassen von dem, für den sie alles getan hatte, verraten durch
die Gier ihrer eigenen Landsleute, angeklagt aus Rachemotiven von ihren
Feinden. Sie starb den grausamsten aller Tode und war doch so arglos und
rein wie damals, als sie unter dem Feenbaum saß und ihre Lämmer hütete.
Joan ist eine einzigartige Figur in der Weltgeschichte. Als einfaches
Bauernmädchen, das weder lesen noch schreiben konnte und nur das
Vaterunser, das Credo und das Ave Maria kannte, erzielte sie durch ihre Gabe

der Inspiration, die ihre Zeitgenossen und Nachkommen bei ihren Erklärungsbemühungen hatten, so außergewöhnliche Ergebnisse ihren Taten so viel Wunderbares zuzuschreiben, dass einige an ihrer Existenz gezweifelt haben.

Der alte Marktplatz von Rouen bot nun ein weiteres Schauspiel. "Ach! Ach! „Wir haben einen Heiligen verbrannt“, sagten viele. Die Menge blieb noch lange wie gefesselt an der Stelle stehen und starrte auf das Feuer, das die letzten Überreste des Opfers verzehrte.

Der Wirt selbst war so überwältigt, dass er seinen Begleiter völlig vergaß. Als er sich umdrehte, um mit ihm zu sprechen, war Jean verschwunden.

Kapitel VII
Die Rettung

Marie von Chafleur hatte ihre Gefangenschaft mit unerschütterlichem Mut ertragen. Sie war entschlossen, nicht gezwungen zu werden, das Gelübde abzulegen, und obwohl sie in ihrem feuchten, düsteren Gefängnis sehr litt – sie, die sich immer noch an jeder kleinen Blume kindisch erfreuen konnte –, blieb sie ihrem Vorsatz treu.

Die Äbtissin, die bei ihrem ersten Treffen so positiv von ihr beeindruckt war, war noch mehr von ihrer Festigkeit beeindruckt und erlaubte ihr, sie zu besuchen. Bei einer solchen Gelegenheit sagte die Äbtissin freundlich: „Du betrübst mich, meine Tochter. Ihre Hartnäckigkeit könnte mich zwingen, strenge Maßnahmen zu ergreifen."

Marie antwortete nicht. Sie schaute aus dem offenen Fenster auf den Garten, der jetzt in voller Blüte stand, und war von der Aussicht so fasziniert, dass sie die Äbtissin nicht hörte. Ihr Gesicht strahlte vor Aufregung, ihre Augen funkelten und sie klatschte fröhlich in die Hände. „Oh, wie schön, wie schön!" rief sie und näherte sich dem Fenster. „Oh, wenn ich nur unter diesen Blumen sein könnte!"

„Sie sind kindisch", sagte die Äbtissin, ohne jedoch Unmut zu äußern. „Hören Sie zu und achten Sie darauf, was ich sage."

Marie wischte sich die aufsteigenden Tränen weg und sah der Äbtissin ins Gesicht. „Es ist noch gar nicht so lange her, dass du so jung warst wie ich", sagte sie, „und, oh, wie schön musst du ohne diesen Schleier gewesen sein! Sag mal, hast du es noch nie auf den Blumenwiesen genossen? Haben Sie noch nie die hübschen Schmetterlinge gejagt, noch nie den Liedern der Vögel gelauscht, noch nie den Duft der Blumen geatmet? Oh, sag es mir."

„Warum rufst du solche Erinnerungen wach, Kind?"

„Oh ja, das weiß ich, und deshalb können Sie mich verstehen, wenn ich Ihnen sage, dass es für mich unmöglich ist, innerhalb dieser Mauern zu bleiben. Ich muss gehen. Sicherlich, edle Dame, Sie werden mich nicht länger hier behalten. Oh, öffne die Türen und lass mich raus. Ich werde zu Fuß gehen und ganz alleine durch das Land reisen, bis ich meinen Onkel finde. Und selbst wenn ich ihn nicht fände und Hunger, Durst, Kälte und Hitze ertragen müsste, wäre ich dennoch glücklich. Also noch einmal, edle Dame, ich flehe Sie an, mich gehen zu lassen."

„Kind, Kind, du verlangst Unmöglichkeiten von mir."

"Warum ist das unmöglich?"

„Sie haben keine Ahnung von dem unbedingten Gehorsam, der von uns verlangt wird."

„Aber, edle Dame, Ihre Gelübde und Ihre Disziplin binden Sie nur in Ihren Beziehungen zum Klosterleben, nicht zur Außenwelt."

„Du irrst dich, meine Tochter. Wir sind unseren Vorgesetzten in allen Dingen bedingungslosen Gehorsam schuldig. Was immer sie von uns verlangen, ist richtig. Es ist nicht unsere Aufgabe, Fragen zu stellen oder zu entscheiden."

„Wie ist das, edle Dame? Können Sie, nachdem Sie sich dem Himmel gewidmet haben, blind dem menschlichen Diktat folgen?"

„Kind, der Wille der Kirche, dem wir uns beugen, ist der Wille des Himmels."

"Ich verstehe das nicht."

„Das liegt daran, dass Sie nicht in der richtigen Stimmung sind, es zu verstehen."

„Das mag stimmen, aber eines bin ich mir sicher."

"Was ist das?"

„Dass du mich nicht vergiften würdest, selbst wenn es dir befohlen würde."

„Kind", sagte die erstaunte Äbtissin, „was hat dich auf einen so schrecklichen Gedanken gebracht?"

„Weil Sie, wenn auch unbewusst, wirklich damit begonnen haben."

„Du schockierst mich! Wie meinst du das? Dass ich vergiften würde –"

„Das Gift der Gefängnisatmosphäre, edle Dame, tötet mich genauso sicher, als wäre es echtes Gift. Deshalb flehe ich Sie noch einmal an, mich gehen zu lassen. Erniedrigen Sie sich nicht, indem Sie sich an der schändlichen Verschwörung beteiligen, die gegen mich geplant ist."

Die Äbtissin hätte Marie vielleicht ausführlicher geantwortet, aber sie war zu sehr von der Wahrheit ihrer Worte und der ihr gegenüber begangenen Ungerechtigkeit überzeugt, um dies zu tun; und außerdem gewannen Maries sanfte Natur und ihre kindliche Art immer mehr nicht nur ihr Mitgefühl, sondern auch ihre Zuneigung.

„Ich kann dir deine Freiheit nicht geben, meine Tochter", antwortete sie, „aber ich werde alles für dich tun, was ich kann." Sie können tagsüber im Garten bleiben, aber wenn der Bischof hier ist, müssen Sie zurück ins Gefängnis. Vielleicht kann Milde mehr bewirken als Strenge. Denken Sie daran, dass ich aufgrund dieser Hoffnung dieses Zugeständnis mache. Jetzt geh. Hier ist der Schlüssel zum Garten."

Marie küsste ihr inbrünstig die Hand und rannte davon. Die Äbtissin trat ans Fenster und beobachtete sie nachdenklich. Der freudige Ausdruck ihres Gesichts zeigte, dass ihr Herz billigte, was ihre Vernunft und ihr Pflichtgefühl halb verurteilten.

Maries Leben wurde nun fröhlicher, denn die Äbtissin hielt ihr Wort. Sie erlaubte ihr nicht nur, täglich in den Garten zu gehen, sondern schenkte ihr auch ihr Vertrauen. Natürlich hatte sie nicht die geringste Ahnung, dass dies sie dazu bewegen würde, dem Orden beizutreten, aber sie kam zu dem Schluss, dass sie keinen solchen Zweck vermuten würde, wenn ihre Beziehungen inniger würden.

Johannes von Luxemburg verwaltete die ganze Zeit über die Angelegenheiten, als ob er der rechtmäßige Eigentümer von Maries Eigentum wäre, und ignorierte so weit alle ihre Rechte, dass er nach Abzug der verhältnismäßig geringen Summe, die er dem Bischof schuldete, den Rest der Einnahmen in seine eigene Tasche steckte ohne weitere Zeremonie. Es schien tatsächlich, als könnten die beiden Männer nach und nach ihr Ziel erreichen. Obwohl Marie sehr glücklich war, als sie zum ersten Mal den Klostergarten betrat und die Äbtissin sie so liebevoll behandelte, begannen die Rosen auf ihren Wangen zu verblassen, und als sie während der Besuche des Bischofs allein in ihrem engen Gefängnis war, zeigten ihre traurigen Seufzer sie war nicht in ihrer üblichen fröhlichen Stimmung. Sogar im Garten verschwand ihre Freude, sobald sie sich der hohen Mauer näherte, die ihn umgab. Das Bewusstsein, eine Gefangene zu sein, verbitterte jede Freude und machte schließlich sogar den Garten unerfreulich. In dieser traurigen Stimmung kamen ihr die Szenen ihrer Kindheit wie Lichtblicke in einem verlorenen Paradies vor. Je mehr sie sich an das Glück dieses Paradieses erinnerte, desto klarer wurde ihr die Ungerechtigkeit bewusst, die sie aus diesem Paradies vertrieben hatte. An jenem Tag, als ganz Rouen Zeuge des schrecklichen Schauspiels auf dem alten Marktplatz war, saß sie trauriger als sonst in ihrem Gefängnis. Natürlich wusste sie nicht, was los war, denn keine Nachricht aus der Außenwelt gelangte jemals in die Klostermauern. Was auch immer der Grund gewesen sein mag, ob ihre Entbindung dieses Mal länger als gewöhnlich gedauert hatte oder ob sie das verlorene Glück ihrer Kindheit in zu lebhaften Farben gemalt hatte, sie war unglücklicher als gewöhnlich.

"Mein Gott! Mein Gott!" Sie stöhnte: „Hast du mich völlig verlassen? Welches Verbrechen habe ich begangen, das eine so schreckliche Sühne erfordert? Wenn ich schuldlos bin, warum sollten gottlose Menschen triumphieren? Und du, mein Onkel! Liegt es daran, dass Sie tot sind, dass Ihre Hilfe so lange auf sich warten lässt? Oh! Du Tapferer, der ganz allein diesen Räubern im Wald entgegentrat! Warum wartest du so lange? Haben Sie sich geirrt? Bin ich nicht derjenige, für den du so viel gewagt hast? Oh, sei still, du törichtes Herz, damit ich mir nicht einrede, dass ich wirklich dieser bin."

Allmählich gewann sie ihre Fassung zurück, lächelte unter Tränen und verlor sich in Fantasien anderer Art. Schließlich, von ihren eigenen Gedanken erschrocken, fuhr sie fort: „O du heilige Jungfrau, beschütze ihn! Halten Sie ihn von hier fern. Diejenigen, gegen die er im Alleingang antreten würde, sind zu stark für ihn. Beschütze ihn."

Als sie die letzten Worte sprach, war ein leises Geräusch an der Tür zu hören. „Sie kommen, um mich rauszulassen", sagte sie sich; „Der Bischof ist gegangen." Sie wischte sich die Tränen weg und trat vor. Die Tür öffnete sich, aber es war die Gestalt eines Mannes, die sie im trüben Licht sah, nicht die Schwester der Wärterin.

„Bist du es, Marie von Chafleur ?" flüsterte der Fremde, denn er konnte im Gefängnis nichts sehen.

"Mein Gott! Was ist es? Wer bist du?" sagte das verängstigte Mädchen mit leiser Stimme.

„Sei still", flüsterte der Fremde. „Wenn Sie Marie von Chafleur sind , nehmen Sie dieses Paket. Es enthält das Kleid eines Pagen. Eilen! Ich werde draußen zuschauen."

Das arme Mädchen zitterte wie ein Espenblatt, aber sie nahm das Bündel. Sie stand ein paar Sekunden lang wie benommen da, traf dann aber schnell ihre Entscheidung und ging zurück ins Gefängnis. Es dauerte einige Zeit, bis sie das Kostüm wechseln konnte, denn ihre zitternden Hände waren nicht so geschickt wie sonst, aber schließlich ging sie in ihrer Verkleidung auf den Flur hinaus.

„Gib mir alle deine Kleider", flüsterte der Fremde, „denn wenn sie hier zurückgelassen werden , werden sie dich verraten."

Marie holte sie zu ihm, und nachdem er daraus ein Bündel gemacht hatte, genau wie das, das er mitgebracht hatte, nahm er das zitternde Mädchen bei der Hand und führte sie zur Kirchentür. Dann hörte er zu. Alles war still. „Leise, leise", murmelte er, als sie die Kirche verließen.

Wer kann sich Maries freudige Überraschung vorstellen, als sie bei Tageslicht in das Gesicht ihres Beschützers blickte, für dessen Sicherheit sie kurz zuvor die Jungfrau angerufen hatte? Es blieb jedoch wenig Zeit für Gefühle, denn kaum hatte Jean die Tür geschlossen, als sie Stimmen und Schritte auf der Straße hörten. Er zog Marie schnell herunter, und sie knieten zusammen, als wären sie mit ihrer Andacht beschäftigt, während er aufmerksam jedem Geräusch in der Nähe des Eingangs lauschte; aber die Schritte, die sie gehört hatten, waren die von Vorübergehenden. Jean flüsterte: „Ich glaube, es ist

uns gelungen. Danken wir der Heiligen Jungfrau und der Heiligen Ursula."
Mit zitternden Stimmen murmelten sie ihre Dankbarkeit, und dann sagte Jean
leise: „Fühlen Sie sich stark genug, edle Dame, um alleine weiterzumachen?"

„Oh, ich werde so stark sein wie ein Mann, wenn ich weg bin, weit weg von
hier", antwortete sie.

„Ich werde die Führung übernehmen", sagte Jean. „Folgen Sie mir in einiger
Entfernung, damit niemand den Verdacht hegt, dass wir uns kennen. Wegen
der Hinrichtung ist die ganze Stadt in Aufruhr und voller Fremder. Sie
werden uns nicht viel Aufmerksamkeit schenken. Schauen Sie sich nicht viel
um, damit Sie nicht jemand erkennt. Halten Sie Ihren Blick gesenkt, und sie
werden denken, Sie seien von dem schrecklichen Schauspiel überwältigt
worden. Auf diese Weise können wir wie die anderen Fremden auf dem
Heimweg durch das Tor gehen, und danach wird uns die Heilige Jungfrau
auf dem restlichen Weg helfen."

Jean stand auf und verließ die Kirche, und Marie folgte seinen Anweisungen.
Alles verlief so, wie Jean es gesagt hatte. Die beiden trafen auf viele Gruppen,
die auf den Gehwegen standen oder durch die Straßen gingen, und gelangten
schließlich sicher durch das Tor. Marie konnte ihren Jubel kaum
zurückhalten, aber Jean ging ruhig weiter und eilte in den Wald, so schnell sie
ihm folgen konnte. Maries Freude wuchs, als sie sicher war, gerettet zu sein,
denn sie konnte nicht glauben, dass eine Spur zurückgeblieben war, die den
Weg ihrer Flucht verraten hätte. Sie schaute sich um, und als sie feststellte,
dass ihnen niemand folgte, drückte sie ihre Freude aus.

„Mein edler Retter", sagte sie, „ich kann nicht länger schweigen und mich
wie ein Kapuziner benehmen." Es passt nicht zu meinem Kostüm, wissen
Sie? Ich muss jubeln; Ich muss schreien, sonst sterbe ich hier vor dir —"

„Noch nicht", sagte Jean, ohne sich umzudrehen. „Es ist nicht die Zeit zum
Schreien und schon gar nicht zum Sterben. Wir sind noch nicht sicher,
obwohl der schwierigste Teil unseres Unterfangens geschafft ist. Die ganze
Stadt würde euren Jubel bemerken, und dann würde unter den Pagen große
Neugier herrschen, herauszufinden, wer sich über das schreckliche
Schauspiel so sehr gefreut hat. In den nächsten Tagen werden sie Himmel
und Hölle in Bewegung setzen, um den Flüchtigen zu fangen. Dann wird sich
sicher jemand an die jubelnde Seite von heute erinnern."

Jeans Rat machte auf Marie einen solchen Eindruck, dass sie sich zurückhielt;
Doch als sie sich im Schutz des Waldes wiederfand und Jean auf sie wartete,
konnte sie nicht länger stillhalten. Sie flog über den grünen Teppich, statt zu
rennen. Ihre Gefühle überkamen sie, als sie sich zum ersten Mal im
majestätischen Tempel der Natur befand und dessen subtile und
geheimnisvolle Magie spürte. Sie fiel auf die Knie und schüttete eine

leidenschaftliche Dankbarkeit gegenüber dem Himmel aus. Sie dankte der Jungfrau für das Glück, das ihr so lange vorenthalten worden war, für ihre Rettung und insbesondere für den Schutz, der ihrem Retter zuteil wurde. Dann wandte sie sich an Jean und ihre tränenreichen Augen verrieten die Gefühle ihres Herzens.

„Mir fehlen die Worte, um dir zu danken, tapferer Ritter", sagte sie.

„Oh, meine edle Dame", antwortete Jean, „wenn Sie nur wüssten, wie glücklich es mich gemacht hat, Sie so weit gebracht zu haben, würden Sie denken, dass ich es noch zu reich belohnt habe." Aber denken wir zunächst an die Freude, die dies dem edlen La Hire bereiten wird."

"Was!" rief Marie, „Bringst du mich nach La Hire?"

"Ja! Aber beeilen wir uns, damit wir aus dem englischen Distrikt herauskommen, bevor sich die Nachricht von Ihrer Flucht im Ausland verbreitet."

Sie gingen wieder weiter und trafen kurz darauf die Bauern, bei denen Jean sein Pferd zurückgelassen hatte. Er kaufte noch eins für Marie und sie ritten zusammen los. Erneut bewältigte er die gefährliche Straße sicher und am nächsten Tag hatten sie die letzte von den Engländern besetzte Stadt passiert. Während der restlichen Reise hatten sie keine Schwierigkeiten, und nachdem sie in der Unterkunft in Chinon ihre Kostüme gewechselt hatten , brachte Jean Marie zu La Hires Wohnung.

La Hire wusste nichts von ihrer Ankunft im Gasthaus. Er war sehr aufgeregt, denn er hatte gerade die Nachricht von Joans Tod gehört. Bis zur höchsten Wut erregt, hatte er ihre Feinde verflucht, sich dann auf einen Stuhl geworfen und ernsthaft darüber nachgedacht, ob er nicht lieber sein Schwert zerbrechen sollte, als einem solchen König länger zu dienen. Er war jedoch von zu edler Natur, um zu einer solchen Entscheidung zu kommen. Es gab noch Feinde des Vaterlandes, die er bekämpfen musste, und er hatte noch einige andere Aufgaben zu erfüllen. Er hatte gerade seine Entscheidung getroffen, als er eine bekannte Stimme hinter sich hörte.

„Hier, edler Herr, ist Marie von Chafleur ."

Der Ritter sprang auf. Worte können seine Freude nicht beschreiben. Er stand da wie eine Statue, den Blick auf sie gerichtet.

"Was!" rief er schließlich aus: „Ist dieses bezaubernde Mädchen die kleine Marie, das Kind meiner Schwester?" Er breitete seine Arme weit aus und sie flog zu seiner Umarmung. Er küsste ihr Haar und streichelte liebevoll ihre Wangen.

„Mein armes Kind", sagte er sanft, „wie musst du gelitten haben!" Marie antwortete nur mit einem Seufzer.

„Du wirst mir ein andermal alles darüber erzählen. Sei jetzt still, meine Tochter. Von nun an soll dir niemand mehr ein Haar krümmen. Und dieses Luxemburg! Beim heiligen Georg, er wird mir jede Träne wiedergutmachen, die du vergossen hast."

Er nahm wieder Platz und wandte sich dann an Jean.

„Komm in mein Herz, mein Sohn. Ich wusste, dass du genauso mutig, entschlossen und tapfer bist wie jeder andere , aber ich glaubte nicht, dass du dieses Kind zurückbringen würdest. Ich bin gespannt, wie du es gemacht hast, aber im Moment bin ich zu voll unter meinem Wams, um zuzuhören. Ich glaube, dass mir Tränen über den Bart laufen. Ich weiß nicht, wann das jemals zuvor passiert ist. Das muss daran liegen, dass es eine echte Herzensfreude ist, die du mir bereitet hast, mein Junge. Ja, ja, Sie und die arme Joan haben beide gezeigt, was ein entschlossenes Ziel bewirken kann, wenn es bis zum Ende durchgehalten wird. Kinder", rief er beiden zu, „Ihr habt mich wieder jung gemacht. Das Ende wird gut sein. Gerade habe ich beschlossen, noch länger gegen die Engländer zu kämpfen, und ich weiß", mit einem Blick auf Jean, „wer bei mir sein wird." Aber das ist nicht das Ende, meine ich. Das ist nur die gemeinsame Pflicht. Ich kenne ein schöneres Ende." Mit freudigen Augen blickte er von Jean zu Marie und von Marie zu Jean. „Ja, ein schöneres Ziel als das, und beim Heiligen Georg, ich werde es erreichen."

Der tapfere Ritter hat es geschafft. Nur zwei Jahre nach diesem Tag stand er auf den Stufen einer herrschaftlichen Burg, vielleicht glücklicher als jemals zuvor in seinem Leben, und beobachtete eine Kutsche, die unter den begeisterten Rufen der Bauern auf die Burg zufuhr. In dieser Kutsche machte sich der rechtmäßige Besitzer der Burg auf den Weg, um sie in Besitz zu nehmen, denn die Engländer waren aus der ganzen Gegend vertrieben worden.

Der Schlossherr war Jean Renault, und an seiner Seite saß seine glückliche Gemahlin Marie von Chafleur .

Anhang

Es ist unmöglich, eine chronologische Darstellung aller Ereignisse im Leben von Jeanne d'Arc zusammenzustellen, da viele der Daten ungewiss und einige unbekannt sind. Die unten aufgeführten Daten sind jedoch messbar genau.

1411 Geboren in Domremy , Frankreich.

1422 Heinrich VI. von England zum König von Frankreich ernannt.

1428 Die Stimmen forderten Johanna auf, den Dauphin zu krönen und die Belagerung von Orleans aufzuheben.

1429 Joan geht zum Dauphin und erkennt in ihm den verkleideten König; wird zum Oberbefehlshaber der Armee ernannt; marschiert am 29. April in Orleans ein und zwingt die Engländer am 8. Mai, die Belagerung aufzuheben; erobert anschließend Jargeau , Beaugency und andere Städte und besiegt die Engländer mit überwältigender Mehrheit bei Patay; führt den Dauphin nach Reims und hilft bei seiner Krönung; wird am 29. Dezember geadelt.

1430 Compiègne gefangen genommen .

1431 Joan wird an die Engländer verkauft und von diesen am 3. Januar der Inquisition übergeben; bei ihrem ersten Prozess wird sie der Ketzerei und Zauberei für schuldig befunden und zu lebenslanger Haft verurteilt; in ihrem zweiten Prozess wegen „Ketzerei, Rückfall, Abfall vom Glauben und Götzendienst" wird sie zur Verbrennung auf dem Scheiterhaufen verurteilt; ihr Tod, 30. Mai.

1456 Urteil vom Papst aufgehoben.

1904 In Rom werden erste Schritte zur Heiligsprechung Johannas unternommen.

Fußnoten

[1] Neufchâteau und Domremy liegen beide im Departement Vogesen, Frankreich. Ersteres ist eine Stadt mit etwa 4000 Einwohnern; Letzteres ist ein Dorf, das als Geburtsort von Jeanne d'Arc bekannt ist.

[2] Einer der Zeugen im Prozess gegen Jeanne d'Arc sagte: „Es gibt einen Baum, den wir ‚Feenbaum' nennen." Jedes Jahr kommen die jungen Mädchen und Jugendlichen von Domremy am Lætare- Sonntag zum Spaziergang dorthin. Jeanne, die Magd, ging wie alle anderen Mädchen dorthin und tat, was sie taten. Obwohl sie Girlanden an die Zweige des „Feenbaums" hängte, wollte sie diese lieber mit in die Pfarrkirche nehmen und auf den Altären der Heiligen Margarete und Katharina niederlegen."

[3] Die Maas fließt über eine Strecke von 500 Meilen durch Frankreich, Belgien und die Niederlande und mündet in die Nordsee.

[4] Vaucouleurs ist eine Stadt mit etwa 3000 Einwohnern. Von dort aus startete Jeanne d'Arc ihre Expedition zur Rettung Frankreichs.

[5] Bois de Chêne oder Eichenwald ist der Name des Waldes, an dessen Rand sich Domremy , das Heimatdorf von Jeanne d'Arc, befindet.

[6] Jeanne d'Arc (Jeanne d'Arc oder Darc) wurde am 6. Januar 1412 in Domremy geboren und starb am 30. Mai 1431. Ihr Vater war Jacques d'Arc und ihre Mutter Isabelle Romée , Analphabeten, aber Arbeiter von gutem Ruf. Sie hatte drei Brüder – Jacques, Pierre und Jean – und eine Schwester, Catharine.

[7] Diese Quelle wird in den Aussagen der Zeugen bei Joans Prozess immer als „Brunnen des Dorns" bezeichnet.

[8] Karl der Sechste wurde 1368 in Paris geboren und starb 1422. Er regierte zweiundvierzig Jahre, geriet jedoch 1392 in den Wahnsinn, und der Herzog von Orleans, sein Bruder, erlangte die Macht. Es war seine Königin Isabella, die den Weg für den Vertrag von Troyes bereitete, der Heinrich V. von England nach Karls Tod zum König von Frankreich machen sollte.

[9] Nach dem Wahnsinn seines Bruders übernahm Ludwig die Regentschaft im Gegensatz zum Herzog von Burgund. Er wurde 1407 von diesem ermordet.

[10] Heinrich der Sechste wurde 1430 zum König von Frankreich gekrönt, verlor jedoch aufgrund der Erfolge von Jeanne d'Arc alle seine französischen Besitztümer außer Calais. Der Herzog von Bedford war sein Onkel.

[11] Chinon , eine Stadt im Departement Indre-et-Loire, Frankreich, war vom 12. Jahrhundert bis zur Herrschaft Heinrichs des Vierten eine königliche Residenz. In seinem großen Saal sah Karl der Siebte zum ersten Mal Jeanne d'Arc.

[12] La Hire, einer der angesehensten Generäle Karls des Siebten, wurde um 1390 geboren und starb 1443 in Montauban.

[13] Eine der alten Regierungen in Südfrankreich. Toulouse war seine Hauptstadt.

[14] Agnes Sorel wurde um 1409 in der Touraine geboren und starb 1450.

[15] Eine Stadt im Departement Nord, Frankreich, berühmt für die Herstellung von Cambrics , die ihren Namen von ihr haben.

[16] Robert von Baudricourt war der Gouverneur von Vaucouleurs .

[17] Gien liegt im Departement Loiret und 38 Meilen in direkter Linie von Orleans entfernt. Der wichtigste Wirtschaftszweig ist die Herstellung von Fayencen.

[18] Joan nannte ihn „Dauphin", weil sie ihn bis zu seiner Krönung nicht als König betrachtete.

[19] Der Zweifel, der an der Legitimität des Königs geäußert wurde, lastete schwer auf seinem Gemüt. Diesen Zweifel beseitigte Joan. Ihre Worte an ihn werden folgendermaßen berichtet: „Von Seiten meines Herrn sage ich dir, dass du der wahre Erbe Frankreichs und Sohn des Königs bist,

und er sendet mich, um dich nach Reims zu führen, damit du deine Krone erhalten kannst . " und deine Krönung, wenn du willst."

[20] Poitiers ist die Hauptstadt des Departements Vienne und nicht nur für ihre Universität berühmt, sondern auch für ihre Kathedrale und den Temple de St. Jean, das älteste christliche Bauwerk Frankreichs.

[21] Der Herzog von Alençon war ein Verwandter des Königs und wurde drei Jahre lang von den Engländern gefangen gehalten. Er wurde gegen das Versprechen eines hohen Lösegelds freigelassen.

[22] Der Herzog von Bedford, ein englischer General und Staatsmann, war John Plantagenet, der dritte Sohn Heinrichs IV. und zu dieser Zeit Regent von Frankreich. Er war an der Strafverfolgung von Jeanne d'Arc beteiligt.

[23] Jeanne d'Arc sagte bei ihrem Prozess aus: „Ich hatte ein Banner, dessen Feld mit Lilien übersät war; die Welt war dort gemalt, mit einem Engel an jeder Seite; es war weiß, aus dem weißen Stoff namens Bocasine ; oben stand, glaube ich, „ Jhesus , Maria"; es war mit Seide gesäumt. Weil die Stimmen zu mir gesagt hatten: „Nimm die Standarte im Namen des Königs des Himmels", ließ ich diese Figur Gottes und zweier Engel anfertigen. Ich habe alles auf ihren Befehl hin getan."

[24] Graf Jean Dunois, genannt „Bastard von Orleans", wurde 1402 geboren und starb 1468. Er war der leibliche Sohn von Louis, Herzog von Orleans, und Mariette d'Enghien und hatte zu dieser Zeit das Kommando in Orleans.

[25] Nach dem Sieg bei Patay erklärte Jeanne d'Arc, dass sich die englische Macht in Frankreich in tausend Jahren nicht von dem Schlag erholen würde.

[26] Die Überlieferung besagt, dass Chlodwig und alle seine Nachfolger neun Jahrhunderte lang mit diesem Öl gesalbt wurden.

[27] Joans Feinde machten ihr dies später zum Vorwurf und sagten, es sei Stolz, der sie dazu bewogen habe, ihr Banner zur Zeremonie mitzunehmen. Sie antwortete nur, dass es den Schmerz geteilt habe; Es war richtig, dass es die Ehre teilen sollte.

[28] Compiègne , eine Stadt im Departement Oise, 45 Meilen nordöstlich von Paris und berühmt als königliche Residenz. Sein Palast wurde von Ludwig XV. wieder aufgebaut und von Napoleon I. prächtig ausgestattet.

www.ingramcontent.com/pod-product-compliance
Lightning Source LLC
LaVergne TN
LVHW041738190726
843493LV00008B/2415